Michael Schmidt

–

Praktische Ethik im Gesundheitswesen

Der Autor:

Michael Schmidt ist Arzt, hat an einem Universitätsklinikum den Schwerpunkt Lungenheilkunde geleitet und dabei viele Patienten mit Lungenkrebs und deren Angehörige begleitet. Er war ärztlicher Leiter einer Krankenpflegeschule und hat das Klinische Ethikkomitee des Klinikums geleitet. Er ist Referent für medizinethische Themen an einer Palliativakademie.

Michael Schmidt

Praktische Ethik im Gesundheitswesen

Eine Klärung wichtiger Grundbegriffe

Königshausen & Neumann

Bibliografische Information der Deutschen Nationalbibliothek

Die Deutsche Nationalbibliothek verzeichnet diese Publikation in der Deutschen Nationalbibliografie; detaillierte bibliografische Daten sind im Internet über http://dnb.d-nb.de abrufbar.

Gedruckt auf säurefreiem, alterungsbeständigem Papier
Umschlag: skh-softics / coverart
Umschlagabbildung: Fußbodenmosaik in Santa Maria Maggiore, Rom (© Michael Schmidt)
Bindung: docupoint GmbH, Magdeburg

Printed in Germany
ISBN 978-3-8260-6592-7
www.koenigshausen-neumann.de
www.libri.de
www.buchhandel.de
www.buchkatalog.de

Vorwort

In den Seminaren für Medizinstudenten und Kursen für berufserfahrene Ärzte, Pflegende und Therapeuten aus der Palliativmedizin und Palliativpflege gibt es immer wieder den Wunsch nach einem leicht lesbaren Text zur praktischen Ethik. Philosophische Texte sind für Studenten, Ärzte, Pflegende und Therapeuten oder Apotheker oft schon sprachlich schwer verständlich. Wer eine vorwiegend naturwissenschaftliche und praktische Aus-, Weiter- und Fortbildung genossen hat, dem fehlen meist die Begrifflichkeiten, die den Moralphilosophen verständlicherweise wichtig sind. Ich halte es deshalb mit Karl Raimund Popper (1902–1994), der sich weniger an Begriffen abarbeiten wollte, sondern an den Inhalten, um sich der Wahrheit (er spricht von *verisimilitude*) anzunähern [79]. Es geht mir um die ethischen Inhalte und eine gewisse Unschärfe der Begriffe möge man einem vorwiegend medizinisch-naturwissenschaftlich ausgebildeten Arzt verzeihen.

In diesem Buch wird aus reinen Lesbarkeitsgründen und ohne weitere Hintergedanken durchgängig das sogenannte generische Maskulinum verwendet[1]. Dies ist bitte nicht als Missachtung der Ärztinnen, Kranken- und Gesundheitspflegerinnen oder Therapeutinnen, ebenso wenig der Patientinnen misszuverstehen.

Ich hoffe, dieses Buch ist hilfreich für die tägliche Arbeit am Patienten und mit den Angehörigen. Es soll zum eigenen vernünftigen Denken ermutigen und die Argumentation in ethischen Konflikten fördern, etwa im Sinne des römischen Dichters Horaz (65–8 v.Chr.): *Sapere aude.* Immanuel Kant hat es so übersetzt: Habe Mut, dich deines eigenen Verstandes zu bedienen. Darum geht es: Den eigenen Standpunkt zu entwickeln und sich für seine Überzeugungen einzusetzen, wenn für das Patientenwohl entschieden werden muss.

Dieses Buch ist in größter Dankbarkeit meiner Frau Elisabeth gewidmet, die mich seit Jahrzehnten unterstützt und erträgt. Justinus Andreas Christian von Kerner (1786–1862),

---

1 Siehe *Die Zeit* vom 30. Mai 2018, Nr. 23, p. 41.

Oberamtsarzt und Schriftsteller in Weinsberg, hat es im Blick auf die Sage der Weiber von Weinsberg so beschrieben: „Getragen hat mein Weib mich nicht, doch ertragen. Das war ein schwereres Gewicht, als ich mag sagen.“[2]

Höchberg, im Juni 2018

Michael Schmidt

---

[2] Zu lesen auf der Burgruine Weibertreu, Weinsberg.

Inhalt

Vorwort	5
Ethik im Gesundheitswesen	9
Patientenwohl	17
Krankheit und Gesundheit	21
Krankheit und Schuld	25
Mitleid	29
Berufsethos	35
Ökonomie	43
Gerechtigkeit und Anstand	55
Lebensqualität	59
Patientenwille	65
Ärztliche Indikation	71
Wahrheit am Krankenbett	75
Vertrauen	81
Unsere Macht	85
Unsere Verantwortung	93
Verletzbarkeit	101
Fehler und Patientensicherheit	105
Leiden, Sterben, Tod	111
Sterben auf Intensivstation	115
Hirntod und Organspende	121
Sterbehilfe	127
Der gute Arzt	133
Literatur	139

Ethik im Gesundheitswesen

Jeder Mensch erwirbt sich im Lauf des Lebens eigene moralische Überzeugungen und Haltungen. In Krankenhäusern, Praxen und anderen medizinischen Institutionen findet man dementsprechend Kollegen mit individuellen ethischen Werten, die Entscheidungen und Handlungen beurteilen und selbst entscheiden und handeln: Sind unsere Ziele richtig, sind die Methoden zulässig, wer hat den Nutzen, wer bleibt auf dem Schaden sitzen, sind Entscheidungen gerecht oder Handlungen demütigend?

Diese persönlichen Überzeugungen sind oft mit starken Emotionen verbunden. Sie entstammen unserem Moralgefühl, einem der wichtigen Wegweiser durch schwierige Entscheidungsprozesse. Wenn es schnell gehen muss, verlassen wir uns gerne auf unser „Bauchgefühl"; wir Menschen sind keine rein rationalen Lebewesen.

Wenn Menschen nicht für ihre eigenen Ziele, sondern für das Wohl eines anderen und außerdem in einem Behandlungsteam arbeiten sollen, stoßen ihre individuellen Moralvorstellungen schnell aufeinander. Um Konflikte zu vermeiden, gleicht man in allen menschlichen Beziehungen seine moralischen Normen, Regeln, Haltungen aufeinander ab [56, 59]. In größeren sozialen Gemeinschaften muss man dazu viel Überzeugungsarbeit leisten und da kann etwas Theorie durchaus helfen. Ethik liefert die für Argumentationen erforderliche Theorie; leider bietet die philosophische Ethik nicht eine, sondern viele Theorien an.

Ethiktheorien

Utilitaristische Theorien sehen auf das Endergebnis einer Handlung und gehen davon aus, dass der Mensch möglichst viel Wohlergehen sucht [41]. Dabei sollte es nicht nur dem Einzelnen, sondern möglichst vielen gut ergehen. Wenn es vielen Individuen gut gehe, gehe es auch der Gesellschaft gut. So lässt sich utilitaristisch eine Entscheidung oder Handlung als moralisch gut beurteilen, wenn sie das Wohlergehen möglichst vieler zur Folge hat. Es gibt eine Reihe von Modifikationen des Utilitarismus, z.B. den Präferenzutilitarismus, den Regelutilitarismus und andere, auf die hier nicht näher eingegangen werden muss. Auf die praktische Medizin bezogen wirft Utilitarismus einige Fragen auf, z.B. wer definiert das Wohlergehen des Patienten? In welchem Ausmaß sind bei Diagnostik und Therapie gesellschaftliche Fragen einzubeziehen, also z.B. die allgemeine Gesundheitsfürsorge? Was wird mit den wenigen, die keinen Nutzen hatten: Werden die nicht ungerecht behandelt?

Immanuel Kant (1724–1804) gilt als der wohl bedeutendste Vertreter der *deontologischen Ethiktheorien,* die Regeln und Normen in den Vordergrund stellen. Er sieht uns Menschen als vernunftbegabte Wesen, die sich selbst moralische Handlungsregeln (Maximen) geben können. Das ist für ihn der Ausdruck ihrer Selbstbestimmtheit (Autonomie). Diese Maximen müssen auf ihre allgemeine Anwendbarkeit überprüft werden und dazu dient der Kategorische Imperativ [82]. Danach sollte eine Maxime für alle Menschen gelten, d.h. universalisierbar sein. Man solle die Handlungsfolgen daraus tatsächlich wollen. Außerdem darf man die Handelnden nie *nur* für seine eigenen Zwecke benutzen, d.h. instrumentalisieren. Zu beachten ist das Wörtchen „nur“: Wenn andere für uns arbeiten, benutzen wir sie für unsere Zwecke. Sie müssen aber selbst auch einen Nutzen daraus ziehen, z.B. einen Lohn oder eine Ausbildung.

Es ist kritisiert worden, dass eine so getestete Maxime zu eng werde, um in Notfallsituationen zu moralisch vertretbaren Ergebnissen zu kommen. Viele starr angewendete moralische Regeln werden in Extremsituationen fragwürdig. Man wird also manche Regeln abschwächen müssen [65], um flexibel genug entscheiden zu können. Dann kommt es bei der Abwägung verschiedener guter Gründe eher auf Haltungen und Überzeugungen an.

Die *Vertragstheorien* (Kontraktualismus) gibt es schon seit Jahrhunderten; sie wurden unter anderem von John Rawls (1921–2002) aufgegriffen [81]. Er kritisiert die Ungerechtigkeit des Utilitarismus und betont die individuelle Freiheit. Eine Gesellschaft und deren Institutionen müssen gerecht sein, um moralisch bestehen zu können. Die Grundrechte, auf die man sich geeinigt hat, müssen gesichert bleiben. Er nennt folgende *„Basic Liberties“*: Das Recht zu wählen und öffentliche Ämter zu bekleiden, die Rede- und Versammlungsfreiheit, die Gewissens- und Gedankenfreiheit, die persönliche Freiheit, der Schutz vor psychischer Unterdrückung und körperlicher Misshandlung, der Schutz vor willkürlicher Festnahme und Haft, das Recht auf persönliches Eigentum. Die *Basic Liberties* wurden aus der Idee der Menschenwürde entwickelt; juristisch sind sie durch die Menschenrechte festgeschrieben. Unser Patientenrechtegesetz [19] stellt eine Umsetzung der Menschenrechte auf die medizinische Situation dar.

Seit Aristoteles (384–322 v.Chr.) spielen *Tugenden* eine prominente Rolle bei den Ethik-Theorien [6]. Im Standardwerk von Beauchamp und Childress werden die folgenden Tugenden für die Bevölkerung der westlichen Welt aufgezählt [9]: Nicht-Böswilligkeit, Ehrlichkeit, Aufrichtigkeit, Gewissenhaftigkeit, Zuverlässigkeit, Treue (Loyalität), Dankbarkeit, Wahrhaftigkeit, Liebenswürdigkeit, Freundlichkeit. Mitarbeiter im Gesundheitswesen brauchen darüber hinaus weitere Tugenden: Mitgefühl (Empathie), Klugheit, Integrität (Übereinstimmung von Prinzipien und Handlungen).

Entscheidungsfindung

Die Ethiktheorien helfen uns, Zusammenhänge und Grundlagen zu verstehen. Bei konkreten und in der Medizin oft eiligen Entscheidungen wird man sich kaum auf eine einzelne Ethiktheorie stützen können. Nach Julian Nida-Rümelin (geb. 1954) versucht man wie im Alltagsleben zunächst vier allgemein gebräuchliche Begründungsweisen [67]:

1) Man bezieht sich auf individuelle Rechte, z.B. Menschenrechte, z.B. Patientenrechte. Harter Paternalismus ist als eine Demütigung und Entmündigung des autonomen Patienten zu werten.

2) Man bezieht sich auf Verpflichtungen, z.B. Verträge, z.B. Versprechen. Ein Behandlungsvertrag ist eine solche Verpflichtung; man hat soziale Pflichten.

3) Normative Erwartungen sind mit einer sozialen Rolle verknüpft. Die Garantenpflicht in medizinischen Notfällen ist eine solche Pflicht.

4) Man beruft sich auf allgemeine ethische Prinzipien, z.B. du sollst nicht lügen, z.B. du sollst Schwachen helfen etc.

Für viele moralische Fragen bei der praktischen Arbeit am Patienten sind diese allgemeinen Begründungsversuche nicht hinreichend. Wir brauchen moralische Regeln, die auf die Bedürfnisse unserer Patienten und auf unsere medizinischen Situationen genauer eingehen.

Prinziplismus

Hier hat sich der Zugang von Tom L. Beauchamp (geb. 1939) und James F. Childress (geb. 1940) seit über zwanzig Jahren bewährt [9]. Die Autoren weisen selbst darauf hin, dass ihr „Principlismus" nicht als Lösung aller ethischen Probleme missverstanden werden dürfe. Er ist allerdings ein wirksames Werkzeug für die Versachlichung und Strukturierung eines ethischen Diskurses. Wir können unsere Probleme damit ziemlich gut beschreiben. Danach beginnt erst die eigentliche Arbeit, das rationale Abwägen guter Gründe: Es müssen immer individuelle Lösungen im Sinne des Patientenwohls gefunden werden. Die vier Prinzipien nach Beauchamp und Childress sind:

a) Respekt vor der Patientenautonomie

Das Prinzip Autonomie wird oft sehr einseitig verstanden und mit Autarkie verwechselt. Autark ist jemand, der völlig unabhängig von seiner sozialen Umgebung leben kann und auch keinerlei Unterstützung erwartet. Er ist unbeschränkt frei (und einsam). Autonom ist jemand, der seine Interessen selbstständig regelt, d.h. in Abstimmung mit seinem sozialen Umfeld. Seine Freiheit wird wie immer durch die Freiheiten der anderen begrenzt. Ein autonomer Patient ist für sich selbst verantwortlich, er trifft seine eigenen Entscheidungen.

Entscheidungsfähigkeit erfordert drei Voraussetzungen:

a) *Intellektuelle Kompetenz*: Der Patient muss einen medizinischen Sachverhalt verstehen, d.h. in sein Leben einordnen können. Was bedeutet die Erkrankung mit und ohne Behandlung für ihn? Welche Chancen und Risiken hat die Behandlung? Wie ist die Prognose?

b) *Normative Kompetenz*: Der Patient kann seine Entscheidung für oder gegen die medizinische Handlung mit seinen Werten, Leitbildern oder Ideen abstimmen.

c) *Kommunikative Kompetenz:* Der Patient kann kommunizieren, d.h. an ihn gerichtete Kommunikation aufnehmen und selbst seine Entscheidung (gegebenenfalls auch nonverbal) mitteilen.

Wenn er dazu nicht fähig ist, muss ihm ein Patientenvertreter zur Seite gestellt werden, z.B. ein Betreuer. Ein Patient darf selbstverständlich alles wollen, was ihm als autonomem Bürger zusteht. Dem Patientenwunsch steht jedoch die ärztliche Indikation gegenüber: Nicht-indizierte medizinische Handlungen dürfen Ärzte nicht ausführen.

b) Gutes tun und Fürsorge (Care)

Gutes tun und Fürsorge sind die Grundlage für unsere Berufsentscheidung. Die Gefahr besteht im Paternalismus: *Doctor knows best*. Alle Ärzte und Pflegenden neigen zum Paternalismus, weil sie zu wissen glauben, was das Beste für ihren Patienten sei. Allerdings wird so der Patient entmündigt und damit gedemütigt, was mit seiner Menschenwürde nicht zu vereinbaren ist. Es geht also um eine dem Patientenwohl dienliche Balance zwischen Patienten-Autonomie und unserer Fürsorge. Kranke Menschen sind immer mehr oder weniger autonom, manchmal auch völlig un-autonom. Je weniger autonom der Patient ist, desto mehr müssen wir uns um ihn kümmern. Im Englischen wird dafür das Wort „*Care*" verwendet, das weitere Bedeutungen hat: Sich kümmern, sich Sorgen machen, jemanden pflegen.

Die sogenannte *Care-Ethik* von Carol Gilligan (geb. 1936) stellt (Für-)Sorge und Achtsamkeit in den Vordergrund [36]. Dabei verändert *Care* nach Harry Frankfurt (geb. 1929) auch den sich Kümmernden; es entsteht eine Beziehung [29]. Im Optimalfall wird der Pflegende behutsamer, sorgsamer, für den Patienten engagierter ohne seine nötige professionelle Distanz zu verlieren.

c) Nicht schaden

Die Nicht-schaden-Regel begleitet uns Ärzte zumindest schon seit Hippokrates. Jede menschliche Handlung hat erwünschte und unerwünschte Folgen. Jeder Arzt muss die Nebenwirkungen seiner Medikamente und Heilmethoden noch besser kennen als die Wirkungen. Diese Regel läuft also auf eine Abwägung der wahrscheinlichen Nutzenchancen gegen die bekannten Schadenrisiken hinaus. Der Nutzen darf unendlich sein, der Schaden muss möglichst gering und immer kontrollierbar bleiben.

Ein Schaden-Risiko beschreibt das Produkt aus Schadengröße und Schadenhäufigkeit, d.h. beides muss für eine Risikoanalyse bekannt sein. Behandlungen in völliger Unkenntnis möglicher Risiken sind als experimentelle Verfahren einzustufen und nur im Rahmen von kontrollierten klinischen Studien oder von gut dokumentierten, individuellen Heilversuchen zu rechtfertigen. Selbstverständlich muss der Patient nicht nur über den erhofften Nutzen, sondern auch über den befürchteten Schaden ausreichend aufgeklärt werden, um entscheidungsfähig zu werden.

d) Gerechtigkeit

Fragen der Gerechtigkeit haben stets eine Rolle gespielt, wenn z.B. diskutiert wurde, ob man im Krieg auch Feinde behandeln soll. Heute besteht beispielsweise der Verdacht, dass Patienten, die mehr bezahlen können, auch besser behandelt werden. Unsere Maxime lautet: Alle Menschen haben das Recht auf gleichen Zugang zum Gesundheitswesen und sie werden dort nicht diskriminiert oder gedemütigt. Es werden nicht alle Menschen gleich behandelt, wie es immer wieder fälschlich heißt, weil jeder Mensch seine eigene Krankheit hat. Er muss individuell therapiert werden, weil es notwendig ist, ihn über seine eigene Nutzenschwelle zu heben, wie Harry Frankfurt sehr einleuchtend gezeigt hat [30]. Gerechtigkeit im Medizinsystem heißt dann nicht „gleiche Behandlung“, sondern gleiche Chance für den Zugang zur notwendigen Behandlung, um die individuelle Nutzenschwelle zu überwinden.

Abwägung

Man darf nicht vergessen, dass Beauchamp und Childress ihren Principlismus als *Prima-Facie*-Normen verstehen. Wenn man sich zunächst einmal an diese Regeln hält, wird man keine größeren Fehler machen, zumal unter Zeitdruck. *Prima facie* bedeutet aber, dass man anschließend darüber nachdenken und Entscheidungen wie Handlungen auch korrigieren kann. Es handelt sich also beim Principlismus nicht um strikt einzuhaltende Verfahrensregeln oder gar konkrete Flowcharts für Handlungen, sondern um einen Schutz vor größeren Fehlern sowie um eine Aufforderung selbst nachzudenken: *sapere aude*[3].

Das vernünftige Abwägen von Handlungsalternativen, z.B. deren Nutzenchance und Schadenrisiko ist nie einfach. Dabei spielen technische und ökonomische Fragen ebenso eine Rolle wie ethische. Wir bevorzugen heute eine Ethik mit Berücksichtigung der Humanität und Menschenwürde, der Empathie, der Gerechtigkeit, der Regelbefolgung und Folgenabwägung. Detlef Horsters (geb. 1942) Stufenmodell erleichtert im Konfliktfall die Entscheidungsfindung [42]:

(a) Welche objektiven moralischen Pflichten stehen in Konkurrenz?

(b) Gibt es wichtige situative Zusatzinformationen?

(c) Welche Pflicht hat den Vorrang – und warum?

(d) Kann man mit der gefundenen Entscheidung leben?

Horster hat diese vier Entscheidungsstufen hauptsächlich für Juristen entworfen. Sie lassen sich auch für medizinische Entscheidungen anwenden.

Die vier Prinzipien von Beauchamp und Childress stehen immer in Konkurrenz. Für die Abwägung ist es wichtig, die Reibungsflächen möglichst genau zu beschreiben. Es ist nicht möglich, dem Patientenwohl zu dienen, ohne die aktuelle medizinische und soziale Situation und deren Folgen, ohne die körperliche und mentale Verfassung des Patienten zu kennen. Mit einem multiprofessionellen Team erfährt man wesentliche Aspekte aus verschiedenen Blickwinkeln, auch was Unterstützung durch Angehörige betrifft. Alle diese genannten Punkte werden in einem Diskurs, der möglichst nahe an den Habermas'schen Idealen [37] liegt, sorgfältig rational abgewogen und begründet. Das eigene Gewissen bleibt dabei eine ziemlich unbestechliche Instanz.

---

3 Habe Mut, dich deines eigenen Verstandes zu bedienen.

❧

Man kann medizinethische Probleme sehr gut nach Beauchamp und Childress beschreiben und verstehen. Damit ist es allerdings nicht getan. Anschließend muss man abwägen, welche Prinzipien bei den gegebenen Umständen wichtiger sind als andere. Man berücksichtigt die Situation des Patienten und seiner Angehörigen ebenso wie die der Mitarbeiter und der Institution. Wenn bei dieser Abwägung ein Diskurs auf Augenhöhe gelingt, findet man fast immer eine moralisch vertretbare Konsenslösung, mit der das Behandlungsteam weiterarbeiten kann.

Patientenwohl

Das Ziel einer medizinischen Handlung ist immer das Patientenwohl: *Salus aegroti suprema lex*[4]. Darunter verstehen die Beteiligten mitunter sehr Unterschiedliches. Kann man den Begriff „Patientenwohl" so definieren, dass wir konkrete Entscheidungen daran orientieren können? Der Deutsche Ethikrat hat seinen Standpunkt dazu veröffentlicht [98], der für unsere Zwecke gut geeignet ist.

(1) Ein wichtiges Element des Patientenwohls ist die *selbstbestimmungs-ermöglichende (Für-)Sorge.* Unsere Patienten sind prinzipiell autonom. Manche Erkrankungen führen jedoch zur partiellen oder kompletten Nicht-Autonomie. Unsere (Für-)Sorge („*Care*") gilt vor allem diesen Menschen. Die medizinische Behandlung soll sie wieder möglichst autonom machen. Dort wo sie es können, sollen die Patienten selbst entscheiden und handeln. Das erfordert gute Kommunikation, Eingehen auf Patientenwünsche und vor allem etwas Zeit. Je enger die Zeitfenster und Arbeitstakte werden, desto eher erledigt man als Arzt, Pflegender oder Therapeut die anstehenden Handlungen eben schnell selbst, weil der Patient recht langsam ist. Man muss diesen bevormundenden Paternalismus als Demütigung auffassen.

(2) Die *Arzt-, Pfleger-, Therapeuten-Patienten-Beziehung ist immer asymmetrisch.* Dank unserer Ausbildung haben wir einen Vorsprung an Wissen, Fertigkeiten und Erfahrung. Darauf ist der Patient angewiesen; wir hingegen sind auf seine Adhärenz angewiesen. Der Begriff „Beziehung" beschreibt ja eine wechselseitige soziale Interaktion. Dies wird unter anderem auch im Patientenrechtegesetz [19] festgeschrieben: Behandlung bedeutet Zusammenarbeit. Dazu ist reine Information über Befunde und Therapieoptionen fast nie ausreichend; wenigstens die Interpretation dazu sollte geliefert werden. Optimal ist eine gemeinsame Abwägung und Entscheidungsfindung (*shared decision*), weil ein Patient, der seine medizinische Zukunft aus seinen guten Gründen mitgestalten kann, engagierter daran mitarbeitet. Durch in-

---

[4] Das Wohl des Patienten ist höchstes Gebot.

tensive Kommunikation erfährt man so auch, was der Patient als *sein* Wohl ansieht.

(3) Ohne *gelingende Kommunikation* gibt es keine Beziehung. Deshalb ist Kommunikationskompetenz eine Schlüsselkompetenz im Gesundheitswesen. Darauf hat schon der 118. Ärztetag in Frankfurt mit Nachdruck hingewiesen [18]. Durch ein Training in Gesprächsführung oder Moderation kann man lernen, auch bei Zeitknappheit sehr effektiv zu informieren und zu beraten. Kommunikation muss deshalb in Studium und Ausbildung als Hauptfach integriert werden.

(4) Selbstverständlich hat die *Behandlungsqualität* großen Anteil am Patientenwohl. Wir orientieren uns dabei an klinischen Studien. Diese liefern die wissenschaftliche Evidenz und sind die Basis der üblichen Leitlinien. Allerdings müssen medizinisch-evidenzbasierte Erkenntnisse zu Krankheitsbildern immer auf den individuellen Patienten mit seiner Erkrankung angepasst werden. Wir sprechen von ärztlich-patientenorientierter Indikation. Interdisziplinäre Boards von Spezialisten können die Behandlungsqualität deutlich steigern, wenn die Verantwortung für den Patienten klar geregelt bleibt. Ebenso wichtig sind funktionierende Strukturen des Gesundheitswesens. Rechtzeitige Erfassung von Fehlern in den Strukturen und Prozessen können Schäden am Patienten verhindern helfen.

5) *Wirtschaftlichkeit*: Ressourcen sind nie im optimalen Ausmaß vorhanden. Wir müssen mit den vorhandenen zurechtkommen und können allenfalls medizinische Mindeststandards festlegen. So kann eine Gleichberechtigung für Gesundheitsleistungen erreicht werden: Wir schließen niemanden aufgrund persönlicher oder äußerer Kriterien von der Gesundheitsversorgung aus. Darüber hinaus wollen wir die individuellen Besonderheiten unseres Patienten berücksichtigen, d.h. eine faire Behandlung erreichen. Wir können nicht alle Patienten gleich behandeln, weil deren medizinische Bedürfnisse unterschiedlich sind. Manch ein Patienten braucht eben mehr persönliche und materielle Zuwendung, um zu gesunden.

Mit den knappen Ressourcen muss bewusst umgegangen werden, Verschwendung öffentlicher Güter ist nicht hinzunehmen. Alle Diagnostika und Therapeutika sind zu überprüfen, ob sie zielführend sind und ob es bei gleicher Qualität effektivere und preiswertere Alternativen gibt. Das steht nicht im Widerspruch zum ärztlichen oder pflegerischen Ethos; es ist ein Gebot der Gerechtigkeit. Die ethische Grenze liegt dort, wo ökonomische Kriterien die patienten-orientierte Indikation überwältigen. Die Zentrale Ethikkommission der Bundesärztekammer unterscheidet zwischen Wirtschaftlichkeit, die immer geboten ist, und Ökonomisierung, die den maximalen Gewinn auf Kosten des Patientenwohls sucht.

Ärzte, Pflegende und Therapeuten arbeiten im Sinne des Patientenwohls, wenn sie die Autonomie des Patienten stärken, seine Mitarbeit fördern und mit ihm adäquat kommunizieren. Sie sollen aus Gerechtigkeitsgründen keine Ressourcen verschwenden und wirtschaftlich arbeiten.

Die Institutionen des Gesundheitswesens dienen dem Patientenwohl, wenn Struktur-, Prozess- und Kontrollqualität auf das Patientenwohl ausgerichtet werden und nicht auf bloße Gewinnmaximierung. Das Patientenwohl muss unser oberstes Ziel bleiben. Die Patienten erwarten es und sie haben ein Recht darauf.

Krankheit und Gesundheit

Gesundheit ist kaum zu definieren, es sei denn, sehr subjektiv wie bei Friedrich Nietzsche (1844–1900), der selbst an schweren Migräneattacken litt [67]:

> „Denn eine Gesundheit an sich gibt es nicht, und alle Versuche, ein Ding derart zu definieren, sind kläglich missraten. Es kommt auf dein Ziel, deinen Horizont, deine Kräfte, deine Antriebe, deine Irrtümer und namentlich auf die Ideale und Phantasmen deiner Seele an, um zu bestimmen, was selbst für deinen Leib Gesundheit zu bedeuten habe."

Eine Maximaldefinition hat die WHO [112]:

> „Die Gesundheit ist ein Zustand des vollständigen körperlichen, geistigen und sozialen Wohlergehens und nicht nur das Fehlen von Krankheit oder Gebrechen."

Unter dieser Definition wäre kaum einer gesund, denn ein vollständiges Wohlergehen ist im menschlichen Leben selten und nie von Dauer.

Gesundheit sei schwer definierbar, denn Gesundheit sei etwas Verborgenes meint der Philosoph Hans-Georg Gadamer (1900–2001) [32]:

> „Wenn man Gesundheit […] nicht messen kann, so eben deswegen, weil sie ein Zustand der inneren Angemessenheit und Übereinstimmung mit sich selbst ist."

Gesundheit-Krankheit-Kontinuum

Für unsere Zwecke können wir annehmen, dass Gesundheit [70] und Krankheit [14] keine scharfe Abgrenzung haben, sondern wohl ein Kontinuum darstellen. Der Anschauung halber kann man das als x-y-Grafik darstellen; man ergänze das ggf. mit einer z-Achse des Zeitverlaufs. Die y-Achsen beschreibt die Lebensziele, die man erreichen will, die eigene Vorstellung von einem glückenden Leben, die Möglichkeiten und Fähigkeiten, die jemand hat oder die ihm noch verbleiben [105].

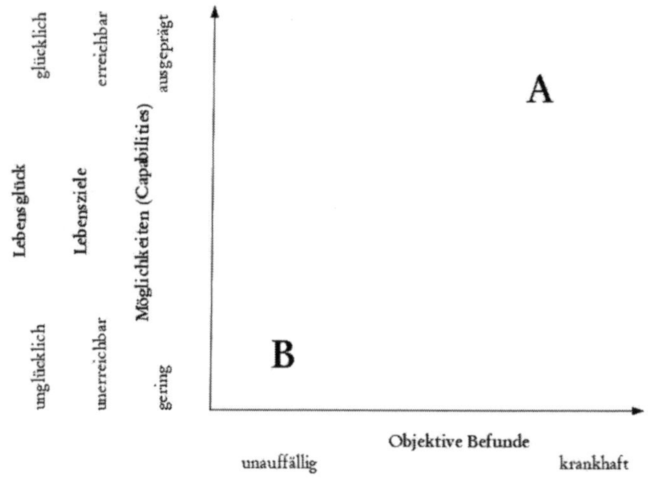

In der x-Achse werden die naturwissenschaftlich-objektiven Befunde beschrieben. Weil sich Krankheit und Gesundheit objektiv wie subjektiv mit der Zeit verändern, sollte man sich eine z-Achse dazu denken. Zwei Patienten sind in die Grafik eingetragen. Bei „A“ haben wir einige pathologische Befunde nachgewiesen, er fühlt sich aber kaum beeinträchtigt. „B“ fühlt sich nicht gesund, krankmachende Befunde fehlen jedoch.

Wenn wir ein solches Gesundheit-Krankheit-Kontinuum annehmen, werden die rein medizinisch-naturwissenschaftlichen Befunde in einen patientenspezifischen Bezugsrahmen gestellt. Selbstverständlich wird man auffälligen Untersuchungsbefunden nachgehen, um nichts zu übersehen. Andererseits wird man manche Befunde nicht übergewichten, weil der Patient kleinere Einschränkungen gut in sein Leben integrieren kann. Wir sind Mängelwesen, die trotz – oder nach Arnold Gehlen (1904–1976) wegen – kleiner Wehwehchen oder größerer Behinderungen ihren sozialen Platz finden, Ziele realisieren und auch zufrieden und glücklich sein können [33]. Um es mit einem Nietzsche zugesprochenen Aphorismus zu sagen:

> „Gesundheit ist dasjenige Maß an Krankheit, das es mir noch erlaubt, meinen wesentlichen Beschäftigungen nachzugehen.“

Es ist offensichtlich, dass sich Gesundheit naturwissenschaftlich nicht exakt objektivieren lässt. Man kann allenfalls von einem Referenzbereich sprechen, in welchem Krankheiten ziemlich unwahrscheinlich sind. Ob jemand gesund oder krank ist, wird man erfahren, wenn man die Befunde mit dem Patienten bespricht und sein persönliches Empfinden, seine Pläne und seine Fähigkeiten mit einbezieht.

Es wird nun auch verständlich, warum wir mit unseren Patienten keine Werkverträge abschließen, die das Behandlungsergebnis versprechen würden. Heilung oder Gesundung kann man nicht vertraglich zusichern. Offensichtlich ist ja auch die Unmöglichkeit, Gesundheit als Produkt in einer industrialisierten Medizin herzustellen. Wir schließen Behandlungsverträge (Dienstverträge) ab, die eine ordnungsgemäße Behandlung auf dem aktuellen Stand der Kunst vereinbaren. Nur das können wir leisten.

Gesundheit ist selbstverständlich nicht das höchste Gut, obwohl das immer wieder behauptet wird. Es gäbe dann darüber hinaus keine weiteren möglichen Ziele, Gesundheit wäre dann der ultimative Selbstzweck. Unbestritten brauchen wir ein ausreichend hohes Maß an körperlicher und seelischer Gesundheit für viele unserer Alltagsaufgaben. Es ist aber erstaunlich, zu welchen Leistungen behinderte Menschen oder Patienten mit Krankheitsresiduen fähig sind und wie zufrieden sie mit ihrem Leben sein können.

Schwierig bleibt die Abgrenzung von Gesundheit und Krankheit; wer kann schon sicher definieren, was „normal“ oder „gesund“ ist. Hier fließen wissenschaftliche Gewissheiten ebenso ein wie die öffentlichkeitswirksame Meinung wichtiger Persönlichkeiten (*Eminence-Based Medicine*) oder sozialpolitische Vorgaben. Wer da vorsichtiger sein möchte meidet den Begriff „Normal“ und spricht vom „Referenzbereich“. Referenz heißt ja Bezug auf etwas, z.B. auf wissenschaftliche Erkenntnis.

Wer Gesundheit verspricht, ist ein Scharlatan. Dem Schweizer Gesundheitsökonomen Gerhard Kocher (geb. 1939) wird dieser Aphorismus zugeschrieben:

> „Gesundheit kann man nicht kaufen, aber sehr gut verkaufen.“

Wir können mit einiger Gewissheit die Funktion des Bewegungsapparates oder von Organen wiederherstellen. Wir können chronische Erkrankungen begleiten und das Leid vermindern. Die rehabilitative Medizin kann erstaunliche Wiedereingliederungen in Beruf und Gesellschaft erreichen. Aber ist das schon Gesundung? Gesund wird der Patient nur, wenn sich sein Körper, sein Geist und seine Seele wohl befinden [109]. Die Reparatur eines Organs ist zwar wichtig und notwendig, aber eben nicht hinreichend.

Krankheit und Schuld

Die meisten Patienten wünschen eine Aufklärung über die Ursachen ihrer Krankheit. Das ist durchaus verständlich, denn wenn die Ursache bekannt ist, kann man unter Umständen eine erneute Erkrankung der selben Ätiologie durch Verhaltensänderung oder durch Behandlung verhindern. Parallel dazu wollen die Patienten wissen, ob sie an ihrer Krankheit selbst schuld sind. Das ist eine ganz andere Frage: Wurde die Erkrankung durch mein Fehlverhalten verursacht? Eine dritte Frage folgt meistens: Warum trifft es ausgerechnet mich?

Schon in der Antike war die Vorstellung eines *Tun-Ergehens-Zusammenhangs* nicht nur für Krankheiten weit verbreitet. Wer im sozialen Umfeld böswillig und absichtlich Verfehlungen beging, wurde von den Göttern dafür entsprechend bestraft. Die Vorstellung von der Erkrankung als Strafe der Götter hält sich in moderner Form bis heute. Man „sündigt", wenn man einen größeren, feuchtfröhlichen Diätfehler begeht und immerhin eine Hexe ist für den Lumbago zuständig (Hexenschuss).

Die Verknüpfung von Tun und Ergehen in Bezug auf Krankheit ist in aufgeklärten Zeiten nicht mehr zu rechtfertigen. Zwar ist bei akuten Krankheiten, z.B. durch Unfälle beim Sport oder am Arbeitsplatz, der Zusammenhang zwischen Ereignis und Erkrankung ziemlich sicher. Die allermeisten chronischen Krankheiten beruhen allerdings auf einer genetischen Disposition und ob die Expositionen durch die Lebensführung einen sicheren Einfluss auf den Ausbruch dieser Erkrankung bei einem Individuum haben, bleibt oft weitgehend im Dunklen. Meist sind es unkontrollierbare Zufälle, die zu einem chronischen Leiden führen. Jedoch ist die Erkenntnis, dass wir Menschen vielen Zufällen ausgesetzt sind, nicht leicht zu ertragen; wir suchen uns immer vor Zufällen zu schützen. Gegen konkrete Ursachen könnte man zukünftig Vorsorge treffen, Zufällen ist man ausgeliefert. Auch wenn man keine sichere Ursache findet, sucht man einen Sinn. Sinnsuche ist wichtig, um nicht bloße Zufälligkeit akzeptieren zu müssen: Die Krankheit muss eine Bedeutung für das eigene Leben haben.

Die medizinische Epidemiologie liefert ständig neue statistische Zusammenhänge zwischen einzelnen Befunden und deren Auswirkung auf die Häufigkeit von Todes- oder Erkrankungsfällen. Oft wird dann aus diesen Ergebnissen spezieller Patientengruppen darauf geschlossen, dass auch noch nicht Erkrankte der angegebenen Behandlung folgen sollten. Es geht dann nicht mehr um manifeste Krankheiten, sondern um deren Verhinderung, denn vorsorgen ist besser als heilen. Genau genommen werden nicht Kranke, sondern Gesunde mit einem Erkrankungsrisiko behandelt.

Aus dem Analogschluss heraus, es müsse im Alltag für unselektierte Menschen gut sein, was für wenige selektierte unter Studienbedingungen gut war, wurden Tausende von Noch-nicht-Patienten behandelt. Der missglückte Versuch, so die Osteoporose der Frauen durch gynäkologische Hormone zu verhindern, ist nur ein Beispiel [10]. Auch die segensreiche prophylaktische Wirkung der weitverbreiteten Cholesterinsenker vom Statintyp außerhalb kontrollierter Studien bleibt zumindest umstritten [2, 72]. Wahrscheinlich wäre eine Diät mit Bewegung in vielen Fällen hilfreicher.

Auch wenn es offensichtlich eine anerkannte Ursache für eine Erkrankung gibt, sind die kausalen Zusammenhänge nicht so einfach. Wer als Raucher eine COPD (chronische Bronchitis mit Lungenemphysem) bekommt, ist für viele Nichtraucher selbst schuld daran. Allerdings entwickelten in einer großen niederländischen Studie [99] nur etwa 18% aller Raucher eine COPD und immerhin 6% der Nichtraucher. Man geht übrigens davon aus, dass nur etwa 16% der rauchenden Männer und 10% der Frauen einen Lungenkrebs erleiden [106]. Bei diesen Ergebnissen kann man nicht daraus schließen, dass ein Raucher an seiner Erkrankung schuld ist. Das eigentliche wissenschaftliche Geheimnis ist doch, warum so viele Menschen mit ähnlicher Exposition keine COPD und keinen Lungenkrebs bekommen.

Aus epidemiologischen Daten Kausalzusammenhänge zu extrahieren, ist anerkanntermaßen ein schwieriges Geschäft. Genaugenommen werden so lediglich interessante Arbeitshypothesen entwickelt, die der weiteren Bestätigung oder Falsifizierung bedürfen. Die wissenschaftlichen Hinweise, die uns vorliegen, zeigen, dass von einem moralischen Tun-Ergehens-Zusammenhang oft keine Rede sein kann, von einer Schuld (oder gar Sünde) überhaupt nicht zu sprechen.

Man sollte die Patienten in ihrer Suche nach persönlicher Schuld nicht zusätzlich bestärken. Der Sinn für den Patienten, wenn wir hier überhaupt von einem Sinn sprechen dürfen, könnte auf einem anderen Feld liegen: Zu erkennen, wo sein Patientenwohl mit der Erkrankung und nach deren Behandlung zu suchen ist. Es könnte dort zu finden sein, wo er mit den Krankheitsresiduen trotzdem sein sinnvolles, geglücktes Leben führen kann. Dorthin können wir ihn begleiten, wenn er das will.

Mitleid

Das Mitleiden am Unglück eines anderen ist eine wichtige soziale Emotion. Zum Wortumfeld gehören viele weitere Begriffe. Barmherzigkeit ist die liebevolle Zuwendungen aus Mitleid (*misericordia*), sie ist die praktische Umsetzung der christlichen Nächstenliebe (*caritas*). Erst im 19. Jahrhunderts tritt Empathie als modernes Kunstwort in Erscheinung. *Kognitive Empathie* bedeutet: Erkennen was der andere fühlt. *Emotionale Empathie* meint: Fühlen was der andere fühlt. Empathie ist im Gegensatz zu Mitleid auf die eigenen persönlichen Grenzen bedacht. Wir sprechen von professioneller Distanz.

Die Emotion Mitleid war antiken Philosophen suspekt. Aristoteles (384–322 v.Chr.) meinte, das Mitleid könne man allenfalls in der Tragödie einsetzen, wo es eine Reinigung von Affekten bewirke [7]. Der Stoiker Seneca (1–65 n.Chr.) bestand darauf, dass der Weise kein Mitleid fühle, weil dies ohne seelisches Leiden gar nicht möglich wäre. Er benötige Mitleid auch nicht, weil er aus Vernunft Gutes tue und nicht unter Tränen [95]. Thomas von Aquin (1225–1274) unterscheidet zwei Arten des Mitleids: 1) Das Mitleid als reine Emotion, dem er eher ablehnend gegenüber steht; 2) das vernunftgeleitete Mitleid, das er für eine Tugend ansieht [101]. Viele Jahrhunderte lang änderte sich an dieser Auffassung nichts Wesentliches.

Bei David Hume (1711–1776) ist die Emotion *„sympathy"* die Grundlage für den *„moral sense"*; dadurch können wir uns in einen anderen hineinversetzen. Mitleid ist für ihn ein spezieller Fall von *„sympathy"* [44]. Auch für Jean-Jacques Rousseau (1712–1778) ist Mitleid ein wichtiger Affekt. Dieser Trieb zähme den menschlichen Egoismus und führe zur „wechselseitigen Erhaltung des ganzen Geschlechts" [83].

Arthur Schopenhauer (1747–1805) kritisiert Kants ethische Kraft der Vernunft, weil diese noch gar nichts über die Moralität einer Handlung aussage. Das erste Motiv des Menschen sei der Selbsterhaltungstrieb (Egoismus). Nur Mitleid durchbreche den Egoismus: *„Neminem laede"*; *„omnes quantum potes, juva"*[5] [90].

---

[5] Schade niemandem; helfe allen, soweit du kannst.

Daraus resultieren die Schopenhauer'schen Kardinaltugenden „Gerechtigkeit und Menschenliebe“ [89].

Friedrich Nietzsche (1844–1900) verurteilt Mitleid als Grundübel, das alle Fort- und Höherentwicklung des Menschen zum „Übermenschen“ behindere: Mitleid sei eine Kapitulation der Schaffenskraft, des Veränderungswillens, der Lebensenergie. Mitleid sei außerdem ein Akt der Verachtung und Entmündigung, der die Selbstheilungskräfte des Leidenden behindere [68]. Bei Max Scheler (1874–1928) muss die Vernunft ergänzt werden durch eine „Herzensordnung“, wobei das Mitgefühl (Mitleid und Mitfreude) die entscheidende Rolle spiele [85]. Mitleid habe die Funktion, den anderen besser zu verstehen, um ihm helfen zu können.

Im 19. und 20. Jhd. nimmt der Begriff eine verächtliche, spöttische, gönnerhafte, demütigende und kränkende Bedeutung an: „Mitleidiges Lächeln“, „kaltes Mitleid“, „mitleidiges Achselzucken“. Mitleid wird ein Begriff für Entsolidarisierung, wie die Germanistin und Philosophin Käte Hamburger (1896–1992) konstatiert [38]: Für die ursprüngliche Bedeutung sei „Mitleid“ verdorben. Es tauchen andere Begriffe auf, die den Sinn zu erhalten versuchen: Compassion, Sympathie, Empathie, Solidarität, Mitgefühl, Betroffenheit.

Instrumentalisierung des Mitleids

Ende des 19. Jhd. entwickelt sich der *Sozialdarwinismus*: Darwins naturwissenschaftliche Thesen zur Evolution werden als einheitliches Grundprinzip auch der Philosophie angesehen und zu einer Weltanschauung ausgebaut. Rudolf Virchow widerspricht übrigens vehement; dies sei ein grober Missbrauch der Darwin'schen Lehre. Der Anatom, Biologe und Philosoph Ernst Haeckel (1834–1919) entwickelt seine *Monistische Naturphilosophie*: In der Natur herrsche ein gnadenloser Kampf ums Dasein, der Selbsterhaltungstrieb sei der Grundtrieb des Menschen. Die Menschenliebe halte dabei das Gleichgewicht zwischen Altruismus und Egoismus. Sie bezieht sich bei Haeckel aber nicht auf Individuen, sondern auf die Gattung Mensch. Die schmerzlose Tötung von mitleiderregenden Kranken und Schwachen oder Beihilfe zur Selbsttötung sei eine moralische Pflicht.

Der Germanist und Philosoph Alexander Tille (1866–1912) will die „weichliche Individualmoral“ durch eine neue

Gattungsmoral ersetzen: „Opfern wir das Schwache dem Starken, das Hässliche dem Schönen und seien wir uns bewusst, dass die Natur dies ebenfalls tut ... Die Religionen des Götterdienstes sind vorüber, die Zeit des Volksdienstes und Menschheitsdienstes ist angebrochen [102].“ Die Haltung in intellektuellen Kreisen zur Jahrhundertwende beschreibt eine Schrift des Studenten der Ökonomie und der Rechtswissenschaft Adolf Jost: Es gebe eine Mitleidspflicht, unheilbar Kranke und Schwache zu töten. Dazu solle der Wert eines Menschenlebens nach folgender Formel berechnet werden: Individueller + sozialer Wert. Der Pflege- und Unterbringungsaufwand sei für die Gesellschaft bei einem „Nullwerth“ oder „negativen Werth“ nicht zu rechtfertigen [50]. Der Neuropathologe und Psychiater Alfred Erich Hoche (1865–1943) hält psychiatrisch Kranke und geistig Behinderte dann schon nicht mehr für „echte Menschen“. Deshalb könne die Emotion Mitleid auf solche „Ballastexistenzen“ auch keine Anwendung finden. Mitleid sei im übrigen kontraproduktiv, weil es eine sachliche Kosten-Nutzen-Rechnung verhindere [11].

Umwertung des Ethos

Sozialdarwinismus und Monismus waren intellektuelle Strömungen, die nach dem Ersten Weltkrieg weit verbreitet waren. Sie fanden problemlos Eingang in die nationalsozialistische Ideologie und hatten im Volk breite Unterstützung: Chronisch Kranke, Behinderte und Schwache galten dem Volkskörper als schädlich (ökonomische Argumente); „Soziale Untauglichkeit“ und „psychopathische Minderwertigkeit“ führe zur „Entartung des Volkes“ (genetische Argumente). Solche Individuen müssten zumindest an der Fortpflanzung gehindert, „unwertes Leben“ jedoch „ausgemerzt“ werden. Der Gnadentod sei eine Erlösung für sie. „Euthanasie“, d.h. eigentlich der gute Tod, wurde umgedeutet, weshalb dieser Begriff bis heute verdorben bleibt. In diesen Methoden der Eugenik sah man „eine positiv aufbauende Konstitutionshygiene“, aus der „Rassenhygiene“, „wahre Volkshygiene“ und „Sozialhygiene“ entstehe [13].

Der Begriff „Mitleid“ war also schon seit Ende des 19. Jahrhunderts fragwürdig. Eine empathie-induzierte Solidarisierung mit „Unwerten“ konnte aber jetzt jedem gefährlich werden, auch einem Arzt. Der Arzt hatte die Aufgabe, die Volksgemeinschaft und nicht nur das Individuum gesund und leistungsfähig zu halten: Zeugungsfähigkeit, Geburtenhäufigkeit, Produktionskraft, Kriegsdienstfähigkeit waren die Ziele. Im Dorf Alt Rehse bei Neubrandenburg kann man heute noch die Führerschule der Deutschen Ärzteschaft, eine Einrichtung des Nationalsozialistischen Deutschen Ärztebundes sehen, wo von 1934 bis 1943 Rassenhygiene und Eugenik gelehrt wurden. Man hatte den Kant'schen in einen nationalsozialistischen kategorischen Imperativ umgewandelt: „Handle so, dass, wenn der Führer von deinem Handeln Kenntnis hätte, er dieses Handeln billigen würde." [13]

Nach dem Dritten Reich konnte man nicht mehr unbefangen über Mitleid diskutieren. Schon die Begriffe „Gnadentod" oder „Mitleidstötung" im Zusammenhang mit „Volkshygiene" machten dies völlig unmöglich. Mitleid als „natürliche Solidaritätsreaktion auf das Leidensschicksal eines anderen Lebewesens" (Max Horkheimer, 1895–1973) wurde durch die Kälte ersetzt: „... wären sie also nicht zutiefst gleichgültig gegen das, was mit anderen geschieht ..., so wäre Auschwitz nicht möglich gewesen". „Nicht die Weichheit sondern das Beschränkende am Mitleid macht es fragwürdig, es ist immer zu wenig." (Theodor W. Adorno, 1903–1969). Ludwig Wittgenstein (1889–1951) schreibt über das Mitleid nur noch [117]: Es ist „eine Form der Überzeugung, dass ein anderer Schmerzen hat"; das ist seine Definition eines kleinsten gemeinsamen Nenners.

Interessant ist die Beobachtung von Käte Hamburger: Beim Unglück der uns Nahestehenden empfinden wir kein Mitleid, sondern Kummer, Sorge, Angst, Traurigkeit. Mitleid empfinden wir nur mit weiter Entfernten [38]. Mitleid hat heutzutage eine Distanzierungs-Komponente.

Heute kann der Begriff Mitleid nicht mehr unreflektiert verwendet werden: Mitleid hat so viele mitschwingende Bedeutungen, dass sie vor jedem Diskurs erst geklärt werden müssten. Hinter altruistischen Handlungen können sich immer auch egoistische Motive verbergen. Sentimentalität vermehrt das Leiden; unreflektiertes Mitleid verhindert wirksames Handeln. Zwischen Helfendem und Leidendem ist professionelle Distanz nötig [52]. Mitleid als „reine Emotion" ist nicht geeignet, medizinisch verantwortbare Handlungen zu motivieren. Es ist außerdem immer Vorsicht geboten, wenn Mitleid instrumentalisiert wird: Wer hat welche Ziele? (CAVE: emotional begründete Sterbehilfe). Kognitiv und emotional kontrollierte Empathie hingegen ist eine der Voraussetzungen, unsere Patienten zu verstehen.

Man kann immer wieder von Ärzten und Pflegenden hören: „Ich kann das nicht mehr mit ansehen." Dadurch drückt der Kollege und Mitarbeiter aus, dass ihn das Leid seiner Patienten emotional überfordert. Man sollte hellhörig darauf reagieren und sofort das Gespräch suchen. Wer die nötige professionelle Distanz aus welchen Gründen auch immer verliert, wen das Mitleid überrollt, der ist nicht mehr rational entscheidungs- oder handlungsfähig.

Offensichtlich haben sich Ärzte schon in der Antike Gedanken über moralisch richtiges Verhalten beim Patientenkontakt gemacht. Es gab auch schon Vorschläge zum Umgang unter Kollegen, wie der *Eid des Hippokrates von Kos* (460–370 v.Chr.) zeigt [91]. Auch wenn an diesem Text verschiedene Autoren zu verschiedenen Zeiten mitgewirkt haben, wenn er auch bei der Übersetzung in verschiedene Sprachen und zu verschiedenen Zeiten modifiziert wurde, erkennt man doch essentielle ethische Kernpunkte des Berufes.

Der Eid beginnt mit der Anrufung der zuständigen Götter Apollon, Asklepios, Hygieia und Panakeia. „Ich nehme sie zu Zeugen, dass ich diesen Eid und Vertrag nach Kräften und dem eigenen Urteilsvermögen entsprechend vollständig erfüllen werde." Es handelt sich also um keine unbedingt und absolut gültige, nicht weiter zu diskutierende Vorschrift, sondern um einen Aufruf, auf der Basis des Eids selbstständig zu denken und zu handeln.

Es folgt ein Abschnitt über das kollegiale Verhalten innerhalb der Ärzteschaft und der medizinischen Akademie des Asklepieions auf der Insel Kos. Die Dozenten und deren Familien sind zu ehren, ins akademische Leben einzubinden und ggf. auch materiell zu unterstützen. Ihren Kindern sind die Studiengebühren erlassen. Wissen und Können des Kollegiums sollen innerhalb der Akademie verbleiben, sonst aber mit keinem geteilt werden. Danach werden wichtige ethische Themen behandelt:

(1) Die medizinische Kunst soll zum Nutzen, nicht zum Schaden eingesetzt werden, Unrecht soll vermieden werden;

(2) aktive Sterbehilfe ist ebenso verboten wie Abtreibung;

(3) (Blasen-)Steine soll man nicht selbst operieren, sondern dieses Geschäft den Spezialisten überlassen;

(4) auch bei Hausbesuchen geht es um das Patientenwohl. Geschlechtsverkehr mit Patienten ist verboten;

(5) alle Informationen zum Patienten unterliegen absoluter Schweigepflicht.

Zuletzt wird bei Erfüllung des Eides das persönliche Wohlergehen des Arztes versprochen. Der Eid des Hippokrates wurde durch das Christentum aufgegriffen und hatte jahrtausendelang eine ethosbildende Wirkung. Es ist klar, dass dieser antike Eid heute inhaltlich nicht mehr unverändert geschworen werden kann.

Im Jahr 2017 hat die *World Medical Association* ihr Ärztegelöbnis überarbeitet [118]:

> Als Mitglied der ärztlichen Profession gelobe ich feierlich, mein Leben in den Dienst der Menschlichkeit zu stellen;
>
> die Gesundheit und das Wohlergehen meines Patienten wird mein oberstes Anliegen sein;
>
> ich werde die Autonomie und die Würde meines Patienten respektieren;
>
> ich werde den höchsten Respekt vor menschlichem Leben wahren;
>
> ich werde nicht zulassen, dass Erwägungen von Alter, Krankheit oder Behinderung, Glaube, ethnischer Herkunft, Geschlecht, Staatsangehörigkeit, politischer Zugehörigkeit, Rasse, sexueller Orientierung, sozialer Stellung oder jegliche andere Faktoren zwischen meine Pflichten und meinen Patienten treten;
>
> ich werde die mir anvertrauten Geheimnisse auch über den Tod des Patienten hinaus wahren;
>
> ich werde meinen Beruf nach bestem Wissen und Gewissen mit Würde und im Einklang mit der guten medizinischen Praxis ausüben;

> ich werde die Ehre und die edlen Traditionen der ärztlichen Profession pflegen;
>
> ich werde meinen Lehrern, Kollegen und Studenten die ihnen gebührende Achtung und Dankbarkeit erweisen;
>
> ich werde mein medizinisches Wissen zum Wohl des Patienten und zur Verbesserung der Gesundheitsversorgung teilen;
>
> ich werde auf meine eigene Gesundheit, mein Wohlergehen und meine Fähigkeiten achten, um eine Behandlung auf höchstem Niveau leisten zu können;
>
> ich werde selbst unter Bedrohung mein medizinisches Wissen nicht zur Verletzung von Menschenrechten und bürgerlichen Freiheiten anwenden;
>
> ich gelobe dies feierlich, aus freien Stücken und auf meine Ehre.

Ganz neu an diesem aktuellen Ärzteversprechen sind die Sätze zum Respekt der Patientenautonomie und zur -Würde, sowie zur eigenen ärztlichen Gesundheit und zur Fortbildung.

Als Reaktion auf den zunehmenden ökonomischen Druck hat sich die Deutsche Gesellschaft für Innere Medizin 2017 zu einem *Klinik-Kodex* entschlossen [24]:

> [...] Als Ärztinnen und Ärzte müssen wir den berechtigten fachlichen und ethischen Erwartungen der erkrankten Menschen, ihrer Angehörigen und der Gesellschaft an uns gerecht werden.
>
> Wir werden allen Patienten eine Versorgung unter Einsatz aller unserer Fachkompetenzen und aller ärztlichen Erfahrungen ermöglichen.
>
> Wissend, dass unsere medizinischen Entscheidungen, die auf Basis einer qualitätsgesicherten Medizin getroffen werden, große Auswirkungen auf die Heilung und Gesundheit der Patienten, aber auch betriebswirtschaftliche Auswirkungen haben, erklären wir hiermit, dass wir eine

angemessene und wirksame Versorgung der Patienten stets unter dem uneingeschränkten Vorrang der medizinischen Argumente gegenüber ökonomischen Überlegungen planen und durchführen werden.

Wir treffen keine ärztlichen Entscheidungen und werden keine medizinischen Maßnahmen durchführen und solche Leistungen weglassen, welche aufgrund wirtschaftlicher Zielvorgaben und Überlegungen das Patientenwohl verletzen und dem Patienten Schaden zufügen könnten.

Wir werden den Menschen, die zu uns kommen, mit zugewandter Fürsorge begegnen und beistehen, mit ihren gesundheitlichen Ängsten umzugehen, wollen ihr Vertrauen gewinnen, und werden ihnen versprechen, bei ihrer Behandlung keine medizinischen Leistungen durchzuführen, welche fachlich unsinnig sind oder aus wirtschaftlichen Überlegungen heraus stattfinden sollen.

Wir lehnen alle Leistungs-, Finanz-, Ressourcen und Verhaltensvorgaben ab, welche für uns offensichtlich erkennbar zu einer Einschränkung unseres ärztlichen Handelns und unseres ärztlich-ethischen Selbstverständnisses führen, und das Patientenwohl gefährden können.

Wir werden die von uns getroffenen Versorgungsentscheidungen bei Bedarf den zuständigen kaufmännischen Leitungsgremien, unter Verwendung fachlich-medizinischer, patienten-orientierter und ethischer Argumente, erklären.

Wir ermutigen junge Ärztinnen und Ärzte, sich mit den durch die kaufmännischen Geschäftsleitungen vorgegebenen wirtschaftlichen Vorgaben kritisch auseinanderzusetzen und achtsam zu sein bei allen Versuchen der Einschränkung des Patientenwohls aufgrund nicht medizinischer Aspekte.

Wir werden unsere ärztliche Heilkunst ausüben, ohne uns von wirtschaftlichem Druck, finanziellen Anreizsystemen oder ökonomischen Drohungen dazu bewegen zu lassen, uns von unserer Berufsethik und den Geboten der Menschlichkeit abzuwenden.

Eigentlich ist es bedauerlich, dass solche Codices überhaupt verfasst werden müssen. Offensichtlich ist das Ideal des „guten Arztes“ inzwischen so ins Wanken geraten, dass im Interesse der Patienten und der Profession gegengesteuert werden muss. Wenn unser Handlungsziel nicht mehr das Patientenwohl ist und durch Gewinnstreben ersetzt wird, werden Ärzte wie Kaufleute handeln. Das Problem ist nicht neu, wie George Bernard Shaw (1856–1950) schreibt:

> „Da wir aus Ärzten Kaufleute machen, zwingen wir sie, die Handelskniffe zu erlernen“

Für Pflegende hat *Florence Nightingale* (1820–1910), nach dem medizinisch und pflegerisch erschütternden Krimkrieg (1853–1856) ein Gelöbnis geschrieben, das später weltweit von Pflegenden bei Berufseintritt abgegeben wurde [74]:

> Ich gelobe feierlich vor Gott und in Gegenwart dieser Versammlung, dass ich ein reines Leben führen und meinen Beruf in Treue ausüben will.
>
> Ich will mich alles Verderblichen und Bösen enthalten und will wissentlich keine schädlichen Arzneien nehmen und verabreichen.
>
> Ich will alles tun, was in meiner Macht steht, um den Stand meines Berufes hochzuhalten und zu fördern, und will über alle persönlichen Dinge, die mir anvertraut werden, Schweigen bewahren; ebenso über alle Familienangelegenheiten, von denen ich in der Ausübung meines Berufes Kenntnis hatte.
>
> In Treue will ich danach streben, dem Arzte in seiner Arbeit zu helfen, und mich ganz einsetzen für das Wohl derer, die meiner Pflege anvertraut sind.

Das *International Council of Nurses* hat das Gelöbnis 2006 aktualisiert. Der Text ist sehr ausführlich und vermischt Standespolitik mit Ethos [46].

1. Pflegende und ihre Mitmenschen

Die grundlegende berufliche Verantwortung der Pflegenden gilt dem pflegebedürftigen Menschen. Bei ihrer beruflichen Tätigkeit fördert die Pflegende ein Umfeld, in dem die Menschenrechte, die Wertvorstellungen, die Sitten und Gewohnheiten sowie der Glaube des Einzelnen, der Familie und der sozialen Gemeinschaft respektiert werden. Die Pflegende gewährleistet, dass der Pflegebedürftige ausreichende Informationen erhält, auf die er seine Zustimmung zu seiner pflegerischen Versorgung und Behandlung gründen kann. Die Pflegende behandelt jede persönliche Information vertraulich und geht verantwortungsvoll mit der Informationsweitergabe um. Die Pflegende teilt mit der Gesellschaft die Verantwortung, Maßnahmen zugunsten der gesundheitlichen und sozialen Bedürfnisse der Bevölkerung, besonders der von benachteiligten Gruppen, zu veranlassen und zu unterstützen. Die Pflegende ist auch mitverantwortlich für die Erhaltung und den Schutz der natürlichen Umwelt vor Ausbeutung, Verschmutzung, Missachtung und Zerstörung.

2. Pflegende und die Berufsausübung

Die Pflegende ist persönlich verantwortlich und rechenschaftspflichtig für die Ausübung der Pflege, sowie für die Wahrung ihrer fachlichen Kompetenz durch kontinuierliche Fortbildung. Die Pflegende achtet auf ihre eigene Gesundheit, um ihre Fähigkeit zur Berufsausübung zu erhalten und sie nicht zu beeinträchtigen. Die Pflegende beurteilt die individuellen Fachkompetenzen, wenn sie Verantwortung übernimmt oder delegiert. Die Pflegende achtet in ihrem persönlichen Verhalten jederzeit darauf, das Ansehen des Berufes hochzuhalten und das Vertrauen der Bevölkerung in die Pflege zu stärken. Die Pflegende gewährleistet bei der Ausübung ihrer beruflichen Tätigkeit, dass der Einsatz von Technologie und die Anwendung neuer wissenschaftlicher Erkenntnisse vereinbar sind mit der Sicherheit, der Würde und den Rechten der Menschen.

3. Pflegende und die Profession

> Die Pflegende übernimmt die Hauptrolle bei der Festlegung und Umsetzung von Standards für die Pflegepraxis, das Pflegemanagement, die Pflegeforschung und Pflegebildung. Die Pflegende beteiligt sich an der Entwicklung beruflicher Kenntnisse, die auf Forschungsergebnissen basieren. Durch ihren Berufsverband setzt sich die Pflegende dafür ein, dass sichere, sozial gerechte und wirtschaftliche Arbeitsbedingungen in der Pflege geschaffen und erhalten werden.

4. Pflegende und ihre Kolleginnen

> Die Pflegende sorgt für eine gute Zusammenarbeit mit ihren Mitkolleginnen und mit den Mitarbeitenden anderer Bereiche. Die Pflegende greift zum Schutz des Einzelnen, der Familie und der sozialen Gemeinschaft ein, wenn deren Wohl durch eine Kollegin oder eine andere Person gefährdet ist.

Die *European Federation of Psychologists' Associations* hat einen Ethischen „Meta-Code" veröffentlicht, der sehr ausführlich die ethischen Pflichten der Psychologen und Psychotherapeuten beschreibt [27].

Inhaltlich geht es beim Berufsethos immer um die Orientierung am Patientenwohl, um die Achtung der Menschenwürde, um das eigene professionelle Wissen und Können, um die Schweigepflicht, um die Bedeutung der Indikation, die richtige Gewichtung der Ökonomik, um die Kollegialität. Diese Gelöbnisse, Versprechen und Codices zeigen deutlich, wo die ethischen Konfliktlinien verlaufen, sonst müsste man ja nicht Stellung beziehen. Sie geben ebenso deutliche Empfehlungen, wie man sich als guter Arzt, Pflegender oder Therapeut in Konflikten zu verhalten hat: Das Patientenwohl steht immer im Vordergrund. Finanzen und Strukturen haben dem Patientenwohl zu dienen.

Schriftstücke, wie die oben zitierten Eide, Gelöbnisse und Kodizes werden gerne mitleidig belächelt, weil sie doch weitgehend wirkungslos seien. Sie stellten den hilflosen Versuch, historische Ideale zu glorifizieren und so den medizinischen Fortschritt zu behindern.

Man kann Ideale, die den eigenen Interessen im Weg stehen, immer lächerlich machen, allerdings sind die zugrundeliegenden Ideen so nie ganz aus der Welt zu schaffen. Es geht beim Berufsethos weder um die Behinderung des wissenschaftlichen Fortschritts, den wir ja auf vielen medizinischen Gebieten dringend brauchen, noch um neue ökonomische Zwänge; die hat es immer gegeben.

Im Zentrum des Berufsethos steht die Beziehung zum Patienten: Es geht um die patienten-orientierte Medizin. Dort spielen fachliche und soziale Kompetenz, Zuverlässigkeit und Integrität, Wahrhaftigkeit und Vertrauenswürdigkeit eine zentrale Rolle. Das hat sich seit Hippokrates nicht geändert.

Ökonomie

Die Wirtschaftswissenschaft (Ökonomik) lehrt den rationalen Umgang mit beschränkt verfügbaren Mitteln. Im Gesundheitswesen sind die Mittel immer begrenzt, deshalb muss rational gewirtschaftet werden. Allerdings versuchen nun Ökonomen, im Gesundheitswesen eine durchgängig ökonomische Logik zu etablieren [61]. Es gibt dabei fünf Grade dieser Ökonomisierung:

> Die Stufe 1 bei unbegrenzten Mitteln ist unrealistisch.
>
> Die *Stufe 2* mit Soll-Erwartung der Verlustvermeidung ist medizinisch sinnvoll: Rationalisierung ist eine Daueraufgabe, Verschwendung muss vermieden werden.
>
> Bei *Stufe 3* muss konkreter Verlust vermieden werden, was medizinische Indikationen schon sehr einschränkt.
>
> In *Stufe 4* muss Verlust vermieden und Gewinn erzielt werden (Marktgängigkeit); hier sind ärztliche Entscheidungen weitgehend fremdbestimmt.
>
> *Stufe 5* hat als alleiniges Handlungsziel die Gewinnerzielung, was medizinisch-ethisch in Hinsicht auf das Patientenwohl völlig indiskutabel bleibt.

Viele öffentliche Krankenhäuser und Pflegeheime befinden sich heute offensichtlich zwischen der zweiten und dritten Stufe, was man als noch hinnehmbar bezeichnen kann. Private Krankenhausketten stehen oft zwischen Stufe vier und fünf, weil sie Gewinne erzielen müssen, um ihre Investoren zu befriedigen.

Ökonomische und medizinische Denkweisen sind prinzipiell unterschiedlich und schwer vereinbar, weil sie verschiedene Handlungsziele haben. Der Arzt hat das Patientenwohl vor Augen, der Ökonom den Gewinn. Für Ärzte kann deshalb Ökonomie nur ein Mittel und kein Zweck sein. Solange der Kranke als Kunde auftritt, d.h. völlig autonom ist, kann die ärztliche Leistung als Dienstleistung gut abgerechnet und kontrolliert werden. Unsere aktuellen Abrechnungssysteme sind darauf abgestellt. Nun macht Krankheit mit zunehmender Schwere den Menschen immer un-autonomer. Er braucht Empathie, menschliche Zuwendung und jemanden, der sich um ihn (und ggf. seine Angehörigen) kümmert. Das ist ökonomisch schwer zu erfassen und wird dementsprechend auch kaum finanziell berücksichtigt.

Liberalisierung des Gesundheitsmarktes

Das Gesundheitsstrukturgesetz von 1993 [35] war der größte politische und ökonomische Einschnitt in unser Gesundheitswesen. Es sollte die Kostensteigerung der gesetzlichen Krankenkassen einschränken durch Budgetierung der Leistungen und Mittel, Zuzahlungen der Versicherten, Bedarfsplanung der Arztzahlen und Krankenhausbetten, freie Krankenkassenwahl, Risikostrukturausgleich der Krankenkassen, Einführung einer Positivliste für Medikamente (nie realisiert), Förderung des ambulanten Operierens, Einführung des DRG-Systems der Krankenhäuser. Viele Ziele wurden nicht erreicht, weitere gesetzliche Regelungen folgten bis heute (z.B. Krankenhausstrukturgesetz 2016, Pflegestärkungsgesetz II 2017). Erreicht wurde allerdings die Schließung ökonomisch unrentabler Krankenhäuser: Im Jahr 1991 gab es 2411 Krankenhäuser in Deutschland, im Jahr 2013 nur noch 1996. Dabei sank die durchschnittliche Liegedauer von 14,1 auf 7,5 Tage ab. Die Folge war eine erhebliche Verdichtung der Arbeit in den noch verbliebenen Krankenhäusern. Trotzdem sind die Kosten für Krankenhausbehandlung kontinuierlich angestiegen, die Anzahl der Krankenhausärzte nahm deutlich zu, in den letzten Jahren auch wieder die der Pflegekräfte.

Kostensteigerung

Es gibt viele Ursachen für die steigenden Kosten, z.B. die steigenden Löhne für die Mitarbeiter oder die erforderliche Neueinstellung von Ärzten und Pflegekräften. Auf medizinischem Gebiet ist auch die Gewinnorientierung gestiegen, z.B. durch Diagnostikmethoden ohne zusätzlichen Nutzen oder durch die „Entdeckung“ neuer Krankheitsbilder, für die Diagnostik und Medikation gleich miterfunden wurden.

Ein Beispiel ist die Erektionsstörung des Mannes, die *erektile Dysfunktion*, wie sie physiologisch mit zunehmendem Alter, aber auch pathologisch bei z.B. Arteriosklerose oder Diabetes mellitus vorkommen kann. Medikamente aus der Phosphodiesterase-5-Hemmergruppe (z.B. Sildenafil) können hier hilfreich sein.

Ein weiteres Beispiel ist die sexuelle Unlust der Frau, die in USA und Kanada als *acquired generalized hypoactive sexual desire disorder* anerkannt wurde und für die es dort das Antidepressivum Flibanserin gibt.

Die Schüchternheit kann als *soziale Phobie* mit Serotonin-Wiederaufnahmehemmern behandelt werden.

Das *Aufmerksamkeits- und Hyperaktivitäts-Syndrom* (ADHS) der meist männlichen Schulkinder wird häufig mit dem Antidepressivum Methylphenidat therapiert.

Einerseits kann es eine Entlastung für den „Patienten" und seine Angehörigen bedeuten, wenn ein misslicher Umstand einen Namen als Krankheit bekommt, die man außerdem behandeln kann. Andererseits sind viele dieser „Krankheiten" eher Störungen des sozialen Umfelds, in dem man nicht so funktioniert, wie erwartet.

Auffällig ist einerseits die Medikalisierung[6] und andererseits die rasche Verfügbarkeit von passenden Medikamenten. Zur Kostensteigerung trägt auch die zunehmende Behandlung von Risikofaktoren statt manifester Krankheiten bei. Seit wenigen Jahren gibt es ein neues Problem: Die extrem teuren molekular gezielten Medikamente (s.u.).

Solidarität

Etwa 90% der Deutschen sind in gesetzlichen Krankenkassen versichert, d.h. in einem Solidarsystem. Unsere Solidarsysteme haben den Zweck, Schaden auf viele Schultern zu verteilen, das Risiko für Schäden zu streuen und einen gewissen sozialen Ausgleich herbeizuführen. Konkret finanzieren viele Gesunde (und die Arbeitgeber) die Krankheitskosten für wenige Kranke. Mit-

[6] Ein Zustand wird zur Krankheit erklärt.

glieder mit hohem Krankheitsrisiko werden von solchen mit niedrigem Risiko gestützt. Die Beitragsbemessung nach Einkommenshöhe unterstützt die Schlechtergestellten, Erwerbstätige finanzieren Rentner teilweise mit, Ehefrauen und Kinder bleiben beitragsfrei. Solidargemeinschaften funktionieren nur, wenn jedes einzelne Mitglied einen Nutzen davon hat. Wenn kein Nutzen an die Solidargemeinschaft zurückfließt, widerspricht dies dem Zweck und wird zurecht als Ungerechtigkeit empfunden.

Verteilungsgerechtigkeit

Ohne Verteilungsgerechtigkeit können keine modernen Gesellschaften bestehen. Die wichtigste Publikation dazu stammt vom Philosophen John Rawls [81], der für grundlegende Freiheiten und gerechte Chancen eintritt. Auf das Gesundheitswesen bezogen bedeutet dies eine Förderung der Solidarsysteme als gerechteste Möglichkeit der fairen Chance für alle. Der deutsche Philosoph Dieter Birnbacher hat Rawls ausführlich kommentiert und auf unser Gesundheitswesen extrapoliert [12]. Rawls Grundsätze sieht er durch die Anerkennung der Patientenautonomie und das Recht auf angemessene gesundheitliche Basisversorgung für alle realisiert. Unsere Solidarsysteme setzen auch weitgehend die Chancengleichheit um.

Interessant ist die Erweiterung der Idee einer Gerechtigkeit durch den amerikanischen Philosophen Harry Frankfurt. Bei ihm meint Verteilungsgerechtigkeit nicht Egalitarismus; dort würde jedem gleich viel zugewiesen. Moralisch relevant sei nur, dass jedermann genügend Mittel habe, ein menschenwürdiges Leben zu führen. Er nennt dies „Suffizienz“. Eine gerechte Verteilung müsse die Suffizienz erreichen, d.h. die Bedürftigen unparteilich und achtungsvoll über ihre individuelle Nutzenschwelle heben [32]. Harry Frankfurts These ist direkt auf die medizinische Situation anwendbar: Unsere Patienten sind unterschiedlich krank. Der technische, kommunikative, der emotionale und rationale Aufwand, um sie über ihre individuelle Nutzenschwelle zu heben, differiert erheblich. Wir sind trotzdem gerecht, wenn wir uns in diesem Sinne genügend um jeden einzelnen kümmern (Suffizienz).

Gerechter Preis

Wer „zu teuer" sagt, hat seinen Maßstab für den angemessenen Preis. Man kann dies auf das Solidarsystem beziehen und sagen: Solidarität ist nie unbegrenzt, vor allem wenn der Einsatz dafür den Nutzen überschreitet. Unsere solidarischen Krankenversicherungen haben begrenzte Mittel. Extrem teure Therapien für einige Patienten verringern deshalb die Mittel für alle anderen. Auch die Sicht auf den Geldfluss ist bedeutsam: Wenn die Gelder vorwiegend einzelnen Firmen nützen und nicht dem Solidarsystem, sind die Preise nicht fair. Hinzu kommt die Bewertung des Nutzen-Schaden-Verhältnisses. Sehr teure Therapien müssen einen exorbitanten Nutzen für die Patienten haben, und dies bei minimalem Schaden. Leider kann man das für die wenigsten der neuen, teuren Medikamente feststellen.

Eine sozial bedeutsame Handelsware (und das gilt auch für Medikamente) soll einen gerechten Preis *(iustum pretium)* haben, darüber wird seit Aristoteles diskutiert [6]:

(1) Leistung und Gegenleistung entsprechen sich *(iustitia commutativa)*;

(2) man darf die Not eines Partners nicht ausnützen;

(3) die Grundversorgung der Bevölkerung mit Grundgütern muss erhalten bleiben *(iustitia distributiva)*.

In der liberalen Marktwirtschaft hat die Idee eines gerechten Preises keine Bedeutung mehr; es herrscht das Marktpreis-Prinzip: Angebot und Nachfrage regulieren den Preis. Hingegen spielt der gerechte Preis in der Sozialpolitik weiterhin eine große Rolle.

Inzwischen gibt es unglaublich teure Medikamente:

> Alipogene stellt eine Gentherapie gegen die sehr seltene Lipoproteinlipase-Defizienz dar. Der Preis von über einer Million Euro steht in keinem Verhältnis zur begrenzten Wirksamkeit.

> Spektakulär ist auch der Preis für Ibrutinib zur lebenslangen Behandlung der chronisch lymphatischen Leukämie oder des seltenen Mantelzell-Lymphoms für über 100000 €/Jahr.

Große Wellen geschlagen hat die zähe Preisverhandlung um Sofosbuvir zur Behandlung der häufigen Hepatitis-C. Für über 80000 € ist die Krankheit nun heilbar.

Die Liste dieser sehr teuren Medikamente lässt sich zwanglos verlängern, es kommen ständig weitere hinzu. Aber nicht nur Neuentwicklungen profitieren vom liberalen Marktpreis: Der Manager Martin Shkreli hob den Preis für das 60 Jahre alte Antibiotikum Pyrimethamin von 13,50 $ auf 750 $ pro Tablette an, bis die Proteste zum Rücktritt, zur Verhaftung des Managers und zur Preisreduktion führten.

Diese Art der Preisgestaltung hat mit einem gerechten Preis überhaupt nichts zu tun. Die Preise können sogar je nach Wohlstandsniveau einer Bevölkerung (gemessen z.B. am Bruttoinlandsprodukt) in Europa gestaffelt werden [104]. Es handelt sich um reine Marktpreisgestaltung ohne soziale Verantwortung für die Daseinsvorsorge, ohne Berücksichtigung des Patientenwohls.

Ökonomie und Ethik

Man kann für das Gesundheitswesen eine Reihe von moralischen Konfliktfeldern der Ökonomik identifizieren [87]:

Das Gesundheitswesen ist kein liberaler, sich selbst regulierender Markt, weil die Patienten keine Kunden des Marktes sind. Auf diesem Markt befinden sich die Krankenkassen, die Pharma- und Geräteindustrie und regulatorische Elemente der Politik. Das Leid der Patienten wird jedoch als Hebel verwendet, den Krankenkassen einen möglichst hohen Preis abzupressen. Es handelt sich um eine Instrumentalisierung des Patientenleids für ökonomische Ziele.

Solidarsysteme beruhen auf gegenseitiger Unterstützung im Krankheitsfall, sie reduzieren das Risiko des Einzelnen. Sie sind eine finanzielle aber auch soziale Investition in die Zukunft mit der Hoffnung, sie möglichst wenig in Anspruch nehmen zu müssen. Wenn dem Solidarsystem (d.h. der Investition vieler) der Nutzen entzogen und in Richtung Kapitalmarkt verschoben wird (d.h. zum Gewinn weniger), verliert es seinen Sinn. Langfristig zerstört dies unser Solidarsystem, das wir ja für die gerechteste Form der Finanzierung unseres Medizinsystems halten.

Inzwischen werden Patienten-Selbsthilfegruppen durch die Pharmaindustrie „unterstützt“, wenn sie von Krankheiten betroffen sind, für die es solche teuren Medikamente schon gibt. Neben unbestreitbar sinnvollen Informationen über das Leben mit der Krankheit gibt es offene oder unterschwellige Botschaften z.B. über die segensreichen molekular gezielten Therapiemöglichkeiten. Hier wird wieder das Leid und die Angst der Patienten für ökonomische Zwecke instrumentalisiert.

Bei gesellschaftlich relevanten Waren, d.h. auch bei Medikamenten erwarten wir eine (einigermaßen) gerechte Preisgestaltung [75]. Dazu gehört z.B. auch, dass die Not von Patienten nicht als Druckmittel für übertriebene Marktpreise benützt werden darf. Die Politik tut sich schwer mit der Begrenzung der Pharmapreise. Immerhin wurde mit dem Arzneimittelneuordnungsgesetz von 2011 ein solches Verfahren etabliert. Das Bundesministerium für Gesundheit spricht vom Ziel eines fairen Preises für Arzneimittel.

Die aktuelle Preisgestaltung der Pharmaindustrie hat das Ziel einer Gewinnmaximierung, was allen Regeln einer liberalen Wirtschaft entspricht. Ärzte haben hingegen das Ziel der Nutzenoptimierung für Ihre Patienten. Beide Ziele sind angesichts der begrenzten Mittel, aber auch prinzipiell nicht vereinbar: Ärzte müssen auf ihrem Ziel des Patientenwohls bestehen. Man kann sich fragen, ob die Versorgung der Bevölkerung mit bezahlbaren Medikamenten nicht eigentlich zur Daseinsvorsorge gehört, es also eine staatliche Aufgabe ist, die entsprechenden Rahmenbedingungen für den Markt festzulegen.

Die meisten klinischen Studien, zumal in der Onkologie, wo die molekular gezielten Therapien vorwiegend zum Einsatz kommen, werden durch die Pharmaindustrie finanziert. Solche Studien sind sehr teuer, weshalb man schon beim Studienprotokoll darauf achtet, dass keine unliebsamen Ergebnisse zu erwarten sind und sich dieser finanzielle Aufwand später auch lohnen wird. Solche Studien werden bei den Zulassungsbehörden eingereicht. Besonders beliebt sind *Non-Inferiority*-Studien. Hier muss nur gezeigt werden, dass ein neues Medikament nicht schlechter wirkt als die bisherige Standardtherapie. Leider beantwortet man so nicht die entscheidende Frage, ob es besser wirkt. Bei solchen Studien ist zumindest zu hoffen, dass Nebenwirkungen seltener auftreten, um ein günstigeres Nutzen-Schaden-Verhältnis zu erhalten. Viele Ärzte sind leider nicht dazu ausgebildet worden, klinische Studien kritisch zu lesen.

Häufig werden die exorbitanten Medikamentenpreise mit dem Forschungsaufwand begründet. Die Entwicklung neuer Medikamente koste bis zu 2,1 Milliarden Euro, berichtet die Pharmaindustrie [76]. Richtig ist, dass gute Forschung gutes Geld kostet, allerdings nie im behaupteten Umfang. Die Preisgestaltung überschreitet den Forschungs- und Herstellungsaufwand wahrscheinlich bei weitem, wie die öffentlich bekannten Gewinnausschüttungen an die Aktionäre zeigen. Man verdient auch gut an längst eingeführten Medikamenten, deren Forschungsaufwand längst abgegolten ist.

Industrialisierung der Medizin

Eine wichtige Methode zur *Effizienzsteigerung* ist die Industrialisierung. Sie läuft in Phasen ab. In der Wirtschaft wurde die Effizienz, d.h. die Herstellung eines guten, marktgängigen Produkts mit möglichst geringem Aufwand über Handwerksbetriebe zur Manufaktur und zur Fabrik deutlich verbessert. Dazu werden Handlungen in kleine, gut standardisierbare Schritte zerlegt. Solche Handlungselemente lassen sich später leicht automatisieren. Womöglich kann man Module daraus entwickeln, die sich in anderen Produktionslinien ebenfalls einsetzen lassen. Das Controlling deckt nicht zielführende (ineffektive) oder zu teure (nicht-effiziente) Produktionsschritte auf, die optimiert werden können und zu technischen Innovationen führen. So findet eine kontinuierliche Verbesserung der Produktion statt oder man erkennt, dass Spezialisten außerhalb der Firma das besser können (Outsourcing). Die Effizienz ist innerhalb der eigenen Kernkompetenz deutlich größer, der Aufbau neuer Kompetenzen ist teuer. Finanziert werden all diese Prozesse über den Kapitalmarkt.

Die letzten 20 Jahre lassen im deutschen Gesundheitswesen alle Anzeichen einer solchen Industrialisierung erkennen. Medizinische Handlungen werden kleinteilig kategorisiert und normiert, auch damit der zeitliche, personelle und ökonomische Aufwand berechnet werden kann. Das funktioniert besonders gut bei naturwissenschaftlich technischen Vorgängen; deshalb beherrschen eben diese unsere Abrechnungssysteme. Diese Normierung funktioniert aber überhaupt nicht bei Verzögerungen durch rationales Nachdenken, bei komplexen interdisziplinären Entscheidungsprozessen, vor allem nicht bei empathischen Gesprächen, um sich auf Karl Jaspers zu beziehen.

Die Tendenz ist inzwischen für alle offensichtlich: Kleinteilige Handlungsdefinitionen in *Standard Operation Procedures*, möglichst enge Zeitvorgaben für Handlungen, Standardisierung von Patientenflüssen auf klinischen Pfaden. Medizin wird zum industriellen Fließband, man kann deshalb mit einiger Berechtigung von Industrialisierung der Medizin sprechen [54]. Diese standardisierten Handlungen lassen sich über Qualitätskontrollen wie in der Industrie als Struktur-, Prozess-, Produktqualität beschreiben und kontrollieren. Die ethische Frage bleibt: Welche Qualität ist gemeint? Die Effizienzsteigerung und der Profit oder die Behandlungsqualität mit dem Ziel Patientenwohl?

Medizinische Handlungen

Um zu verstehen, warum diese Industrialisierung nicht so konsequent umgesetzt wird wie Ökonomen dies wünschen, ist eine kleine Exkursion in die Handlungstheorie [57] der Medizin hilfreich. Man kann drei Aktionsebenen unterscheiden:

(a) Zur Ebene der *Wahrnehmung* gehören eher reflexhafte Aktionen.

(b) Auf der Ebene des *Verstandes* suchen wir nach einer Ordnung, in die wir Wahrgenommenes einsortieren. Dann können wir uns relativ schnell situationsgerecht verhalten. Die meisten medizinischen Handlungen spielen sich auf dieser Ebene ab. Wahrscheinlich gehören auch Vorurteile hierher.

(c) Wenn wir keine Einordnung vornehmen können, greift unsere theoretische und praktische *Vernunft*. Leider ist die sehr langsam. Daraus resultieren die rationalen Entscheidungen und Handlungen, die einen kompetenten, sorgfältigen und verantwortungsbewussten Arzt, Pfleger und Therapeuten kennzeichnen.

Diese wohldurchdachten, gut abgewägten, rationalen Handlungen sind in einer industriellen Medizin eher unerwünscht: Sie kosten Zeit, sind im Abrechnungsraster nicht abzubilden, entziehen sich dem Controlling und sind im Ergebnis ökonomisch unkalkulierbar. Flowcharts und Patientenpfade bedienen die schnelle Verhaltensebene, sie sind ökonomisch betrachtet deutlich effizienter. Aus-, Fort- und Weiterbildung der Mitarbeiter dienen diesem situationsgerechten medizinischen Verhalten. Wir sollten uns bewusst werden, dass wir dann als Fließbandarbeiter eingesetzt werden, die möglichst unproblematisch funktionieren sollen. Die eigentlich ärztliche, pflegerische, therapeutische Aufgabe ist es, im Sinn des Patientenwohls ausgewogene, wohlüberlegte Entscheidungen zu treffen.

Knappe Ressourcen

Die verfügbaren Mittel sind knapp und werden knapp bleiben. Wir müssen damit sorgsam umgehen: leichtsinnige Verschwendung schadet dem Patientenwohl ebenso wie ungerechtfertigte Bereicherung. Deshalb ist eine gut funktionierende Ökonomie für medizinische Institutionen extrem hilfreich. Sie hat das Ziel mit möglichst geringen Mitteln den maximalen Effekt zu erzielen. Unser Ziel ist immer das Patientenwohl und darüber muss mit den örtlichen Krankenhausökonomen ebenso diskutiert werden wie mit Gesundheitspolitikern. Es geht für uns um verantwortungsvolle Wirtschaftlichkeit und nie um bloße Gewinnmaximierung.

Sorge um die allgemeine Gesundheit?

Langsam wächst in der Bevölkerung und auch unter Politikern die Einsicht, dass eine völlig liberalisierte Marktwirtschaft für unsere Gesellschaft gefährlich wird. Objekte der allgemeinen Daseinsvorsorge können nicht beliebig privatisiert oder dem Kapitalmarkt unterworfen werden. Dazu gehört auch die Sorge um die Gesundheit unserer Mitbürger. Privatisierungen im Gesundheitswesen haben ja keineswegs zur erwarteten Verbesserung der medizinischen Versorgung geführt, oft eher zur Befriedigung von Aktionären. Bei einer Auswertung der *Global Burden od Disease Study* von 2015 wurden die Todesfälle an den 32 wichtigsten und eigentlich gut behandelbaren Krankheiten herangezogen. Deutschland liegt auf einem enttäuschenden 20. Platz hinter den meisten europäischen Ländern [64]. Wir sind vielleicht effizienter geworden, aber keineswegs effektiver.

Ohne regulierende Eingriffe der Politik ist ein nach unseren europäischen ethischen Maßstäben gerechter Gesundheitsmarkt nicht möglich. Solche Eingriffe müssen Rawls' Grundsätze berücksichtigen (s.o.). Das Arzneimittelmarktneuordnungsgesetz von 2011 ist ja ein solcher Eingriff, wenn auch nicht von erwünschter Wirksamkeit. Nach den diversen Gesundheitsreformen seit den Neunzigerjahren [34] haben wir heute in Deutschland ein ziemlich unübersichtliches Finanzierungssystem im Gesundheitswesen. Das Ziel der Kostendämpfung wurde nicht im befriedigenden Umfang erreicht. Erheblich gestiegen ist der Dokumentations- und Verwaltungsaufwand. Ob perfekt dokumentierte Leistungen das Patientenwohl verbessern, darf bezweifelt werden.

Indikation und Kostendämpfung

Das regulatorische Werkzeug in der Hand des Arztes ist die *Indikation*. Wir stellen eine möglichst sichere Diagnose, vereinbaren mit dem Patienten ein realisierbares Therapieziel und suchen nach einer zielführenden Therapie, die ebenfalls mit dem Patienten abgesprochen sein muss (*informed consent*) und damit indiziert ist.

Hier ist bei extrem teuren Medikamenten ein hohes Maß an kritischer Vernunft erforderlich: Wie steht es um Nutzen und Schaden? Beruft man sich auf einarmige Studien ohne Kontrollarm? Wurde nur gezeigt, dass das Medikament nicht schlechter ist als alles Bisherige? Gibt es dann wenigstens eine Reduktion der Nebenwirkungen? Schon im Studium müssten zukünftige Ärzte lernen, dass Verbesserungen um irgendwelche Relativprozente keine belastbare Aussage sind. Viel wichtiger ist z.B. die *number needed to treat* oder die *absolute Risikoreduktion*[7]. Zudem kann ein Blick auf die Ein-und Ausschlusskriterien einer klinischen Studie hilfreich sein: Wäre denn mein aktueller Patient in diese Studie aufgenommen worden? Wenn nicht, darf man die Aussagen zum Nutzen vernachlässigen, die zum Schaden leider nicht. Die Liste der unerwünschten Wirkungen ist dann besonders interessant. Ärzte sollten die Indikation möglichst eng stellen und zweifelhafte Studien nicht als Grundlage ihrer Entscheidung verwenden.

---

[7] Die *number needed to treat* beschreibt die Anzahl von Patienten, die behandelt werden müssen, um erstmals den gewünschten Effekt zu erzielen. Die *absolute Risikoreduktion* legt offen, wie viele Patienten überhaupt den gewünschten Effekt erreichten, aber auch bei wie vielen das Behandlungskonzept versagte.

Ähnliches gilt von den überbordenden Leitlinien. Wir sollen inzwischen 347 S1-Leitlinien, 260 S2-Leitlinien und 162 S3-Leitlinien befolgen (Stand März 2018). Ohne kritische Vernunft kann sich niemand in diesem Dickicht zurechtfinden. Immer zu berücksichtigen ist auch, dass viele Leitlinien nach optimalen Lösungen suchen, d.h. sie nehmen wenig Rücksichten auf entstehende Diagnostik- und Therapiekosten. Kostensensitive Leitlinien sollten besonders kritisch analysiert werden.

Situation der Pflegenden

Inzwischen sind die Stellenpläne in der Pflege aus ökonomischen Gründen so ausgedünnt, dass die Unzufriedenheit der Patienten und Gepflegten deutlich wächst. Die Qualität der Arbeit am Menschen hat deutlich gelitten, was allen sogenannten Qualitätssicherungs-Maßnahmen Hohn spricht [17]. Patienten brauchen für ihr Wohl eben mehr als gut dokumentierbare mechanische Tätigkeiten aus denen sich „Qualität" im Sinne eines industriellen Controlling errechnen lässt. Wer richtig krank ist, muss Ansprache und Zuwendung bekommen, um gesund zu werden. Das erfordert ein flexibles Zeitmanagement und keine feste Taktung wie am Fließband, weil jeder Patient seine eigene Nutzenschwelle hat.

Es rumort in den Ambulanzen, Krankenstationen und Pflegeheimen – soll man sagen: glücklicherweise? Wahrscheinlich ist der Wendepunkt erreicht, wenn die Wähler der Politik klar machen, dass es so nicht weitergehen kann ohne die Gesundheit vieler zu gefährden. Die Qualitätserwartungen unserer Patienten unterscheiden sich zunehmend von den ökonomischen Produkt-, Prozess- und Struktur-Qualitäten der industriellen Medizin.

Eine gute, d.h. am Patientenwohl orientierte Ökonomie liefert die solide wirtschaftliche Grundlage für medizinische Institutionen [25]. Sie stellt Verschwendung ab, öffnet neue Geldquellen, sichert die notwendigen Strukturen und sorgt für den erforderlichen Personalstand. So kann die medizinische Qualität der Arbeit am Patienten tatsächlich gesichert werden. Der übliche, nahezu reflektorische Stellenabbau wirkt im Sinn des Patientenwohls meist kontraproduktiv.

Gerechtigkeit und Anstand

Menschenwürde und Menschenrechte begründen das *Recht auf gleichen Zugang* zu Gesundheitsleistungen für alle Mitbürger. Ein Recht auf gleiche Behandlung kann es nicht geben, weil Menschen und ihre Krankheiten sehr verschieden sind. Hingegen sorgt die Evidence Based Medicine dafür, dass ähnliche Krankheitsbilder ähnlich behandelt werden, nämlich auf der Basis wissenschaftlicher Erkenntnisse. Es ist dann die Aufgabe der ärztlich-patientenorientierten Indikation, dafür zu sorgen, dass diese Erkenntnisse auf den individuellen Patienten angepasst werden. Ganz offensichtlich ist unser deutsches Gesundheitswesen ziemlich gerecht, wie der Philosoph Dieter Birnbacher (geb. 1946) meint. Was nicht heißen soll, man könnte nicht doch einige Punkte immer noch verbessern [12]. In der Gerechtigkeitsdiskussion tauchen häufig drei Begriffe auf, die man kennen sollte: Rationalisierung, Rationierung, Priorisierung.

Rationalisierung

Jede Institution des Gesundheitswesens versucht, ihre Patienten möglichst unbeschadet und flüssig durch die diagnostischen und therapeutischen Prozeduren zu führen. Umwege, Warteschleifen, Doppeluntersuchungen sind für den Patienten lästig und manchmal gefährlich, für die Einrichtung ineffizient. Rationalisierung der Abläufe ist ebenso eine Daueraufgabe wie die Gewährleistung von Patientensicherheit. Es genügt nicht, das System Krankenhaus mit seinen internen Abläufen zu optimieren (oder zu industrialisieren), der Patient muss unbeschadet wieder herauskommen. Rationalisierung und Patientensicherheit müssen Hand in Hand gehen.

Rationierung

Die einfachste Möglichkeit Geld und Personal einzusparen, ist die Rationierung. Die Abteilung bekommt ein gedeckeltes Budget und muss zusehen, wie sie damit zurecht kommt. Das kann in einem gut durchgeplanten industriellen Prozess einer Fabrik tatsächlich funktionieren. In einem Krankenhaus mit seinen ständig variierenden Anforderungen und nicht immer planbaren Abläufen führt es zu personellen und finanziellen Engpässen. Der prinzipielle Fehler dabei ist, dass nur an die Abläufe der Institution gedacht wird, nicht an das Patientenwohl. Rasenmäher-Kürzungen sind für Patienten ebenso ungerecht wie Gießkannen-Zuteilungen. Es braucht etwas mehr ökonomische Kreativität, um einerseits Verschwendungen zu verhindern oder an anderer Stelle flexible Budgets zu etablieren.

Priorisierung

Wenn einzelne Patienten oder Patientengruppen bevorzugt werden, spricht man von Priorisierung[8]. Wir haben schon lange eine Priorisierung in der Transplantationsmedizin. Es gibt einen eklatanten Organmangel und man braucht eine möglichst gerechte Verteilung dieser Mangelware auf die Patienten, die den größten Nutzen davon haben werden. Eigentlich ist eine solche Bevorzugung ungerecht. Wir nehmen das hin, weil wir keine bessere Lösung haben. Der Sozialmediziner Heiner Raspe (geb. 1945) hat sich ausführlich mit Priorisierung im Gesundheitswesen Schwedens beschäftigt [80]. Dort gibt es ein von der Bevölkerung akzeptiertes Zugangsverfahren zu besonders aufwendigen diagnostischen oder therapeutischen Verfahren. Die Rechtsanwältin Carla Wideck (geb. 1985) hält Priorisierungen im deutschen Gesundheitswesen für juristisch möglich [114]. Ob sie politisch durchsetzbar wären, darüber gibt es bei uns keine Einigkeit. Die aktuellen Gesundheitspolitiker schweigen lieber zu diesem Thema.

Selbstverständlich wird bei uns verdeckt und intransparent priorisiert. Ärzte suchen sich nach ihren eigenen Kriterien Patienten aus, die ihrer Meinung nach für besonders teure und aufwendige Behandlungen geeignet sind. Das geschieht sicher nicht in der bösen Absicht jemanden zu benachteiligen. Und tatsächlich wird es für den bevorzugten Patienten eine harte Indikation zur aufwendigen Therapie geben. Es geht um die sehr

---

8 Es gibt auch strukturelle Priorisierung, wenn z.B. bestimmte technische oder organisatorische Verfahren bevorzugt werden.

unterschiedlichen Entscheidungen, die vor den Patienten verdeckt bleiben. Um eine Transparenz für alle Bürger herzustellen, braucht man eine allseits verbindliche, gesundheitspolitische Lösung. Der viel zu früh verstorbene, ehemalige Präsident der Bundesärztekammer Jörg-Dietrich Hoppe (1940–2011) hat dies immer wieder vergeblich von der Politik gefordert.

Anständige Medizin

Nun ist ein gerechter Zugang zu Gesundheitsleistungen für alle Mitbürger in einer westlichen Demokratie eigentlich eine Selbstverständlichkeit. Der Philosoph Avishai Margalit (geb. 1939) fragt sich, ob Gerechtigkeit genügt [62]. Sollten unsere Institutionen nicht gerecht, zivilisiert *und* anständig sein?

In einer *gerechten* Medizin haben alle die faire Chance auf adäquate Behandlung. In einer *zivilisierten* Medizin demütigen sich die Menschen untereinander nicht, auch nicht die Mitarbeiter. In einer *anständigen* Medizin demütigen die Institutionen die Menschen nicht. Es geht Margalit um den menschlichen Umgang in diesen Institutionen. Man kann seine Thesen weitgehend direkt auf Krankenhäuser, Alten- und Pflegeheime oder Praxen übertragen. Anständig sind sie, wenn sie die Menschen nicht demütigen, und da gibt es offensichtlich noch Verbesserungsmöglichkeiten.

Demütigungen sind für Margalit Verhaltensformen und Verhältnisse, die Patienten in ihrer Selbstachtung verletzen, z.B. durch das Verhalten der Mitarbeiter, z.B. durch räumliche und zeitliche Strukturen des Krankenhauses, z.B. durch Abläufe und sogenannte Sachzwänge. Die Patienten haben eine Vorstellung von ihrer Selbstachtung und Würde. Selbstachtung erfordert, dass Patienten für ihre Rechte eintreten können, z.B. über ein Beschwerdemanagement oder einen Ombudsmann. Das anständige Medizinsystem darf seine Patienten nicht korrumpieren; die moralischen Prinzipien des Patienten müssen respektiert werden.

Unmenschlich wird die Behandlung, wenn *Patienten als Objekte* gesehen werden, die zur Erreichung fremder Ziele außerhalb des Patientenwohls verwendet werden, z.B. zur Erzielung eines Profits, zur Durchführung von Studien, als Gegenstand zum Erlernen von Techniken, als „Material", um die OP-Liste zu füllen, z.B. vor der Facharztanerkennung. Margalit bezeichnet das als *Menschenblindheit*: Sie betrachtet Patienten ausschließlich physisch und nimmt die Psyche nicht wahr. Medizinisch gibt es keine Trennung von Körper-Seele-Geist. Jede somatische Erkrankung hat psychische Anteile, Patienten sind keine Objekte.

Nichtdemütigung bedeutet, auf jegliche körperliche und psychische Grausamkeit gegenüber Patienten zu verzichten. Demütigung und Erniedrigung sind seelische Grausamkeit; sie bedeuten den Verlust der Selbstkontrolle. Selbstkontrolle heißt, nicht unmittelbar reflexartig auf die Umgebung und auf Reize zu reagieren, sondern zeitlich verzögert, nach vernünftiger Abwägung. Demütigung beschneidet diese Entscheidungs- und Handlungsfreiheit des Patienten. Er braucht die nötige Information und die Zeit, sich in Ruhe damit auseinander zu setzen, er muss dazu ohne Druck von außen kommunizieren können. Auch wer Angstgefühle als Druckmittel einsetzt, demütigt den Patienten.

Die Institution kann demütigen, weil sie die strukturelle Macht dazu hat. Der Patient ist ausgeliefert und fühlt sich hilflos, er kann seine lebenswichtigen Interessen nicht mehr selbst verfolgen. Die Selbstachtung des Patienten hängt auch von der sozialen Umgebung im Krankenhaus ab. Die Haltung der Mitarbeiter definiert die Umgebung, in der er leben muss. Deren respektvolles Verhalten beeinflusst seine Selbstachtung. Zur Demütigung gehört deshalb oft die Öffentlichkeit, in der man jemanden vor allen anderen demütigen kann. Die drei wichtigsten Varianten von Demütigung sieht Margalit in unmenschlicher Behandlung, Ausschluss aus der Menschheitsfamilie und im Angriff auf die Selbstkontrolle.

Es ist eigentlich eine Selbstverständlichkeit, dass unsere Gesundheitseinrichtungen zivilisiert, gerecht und anständig im Sinne A. Margalits sein sollten. Wir wissen alle, dass es nicht immer so ist. Menschenwürde und Anstand sind nicht einfach vorhanden, sie müssen zwischen den Menschen bei jedem Kontakt neu realisiert werden. Es gehört essentiell zur Personalführung, bei allen Mitarbeitern eine wohlwollende und freundliche Haltung den Patienten gegenüber zu fördern, aber auch zu fordern.

Prinzipiell kann nur der Patient selbst etwas zu seiner eigenen Lebensqualität aussagen, auch zu seiner erhofften nach Rekonvaleszenz. Wir diskutieren bei Visiten jedoch oft über die aktuell erkennbare oder nach einer Behandlung zu erwartende Lebensqualität eines Patienten. Dabei berufen wir uns auf klinische Studien und die eigene Erfahrung. Wenn man von außen auf die Lebensqualität eines anderen blickt, wird man immer seinen eigenen subjektiven Eindruck davon haben. Kann man das objektivieren?

In klinischen Studien werden *Fragebögen* zur Erfassung der *Quality of Life* [QOL] verwendet. Sie sind standardisiert, validiert und liefern abstufbare Teilaspekte einer Lebensqualität, die für das Studienziel bedeutsam sind. Dagegen ist nichts einzuwenden, ganz im Gegenteil: Durch die Einführung der QOL-Fragebögen hat sich die Gewichtung der Studien von der reinen Effektivitätsbeobachtung zum Patientenerleben verschoben. Das ist zu begrüßen. Allerdings darf man nicht glauben, mit der statistischen Auswertung dieser Fragebögen sei das Lebensqualitätsproblem schon gelöst.

Das individuelle Erleben oder Erleiden einer Krankheit sowie deren Diagnostik und Therapie weichen oft weit von der Erfassung durch Lebensqualitätsfragebögen ab. Auf das grundlegende Problem der beiden Schienen unserer ärztlichen Entscheidungen, der medizinisch-wissenschaftlichen und der ärztlich-patientenbezogenen wird an anderer Stelle eingegangen. Hier sei lediglich erinnert, dass wir uns immer mit dem individuellen Patienten beschäftigen. Wir befinden uns also auf der patientenbezogenen Schiene (und haben alle wissenschaftlich verfügbaren Erkenntnisse dazu im Kopf). Können wir einen Maßstab finden, der uns bei der Beurteilung von Lebensqualitätsfragen hilft?

Salus aegroti suprema lex: Das Wohl des Patienten ist unser oberstes Gebot. Alle unsere konservativen oder operativen Handlungen haben dieses Ziel. Wir helfen dem Patienten, indem wir seine Selbstheilungskräfte, auch die psychischen, aktivieren [4]. Wir begleiten ihn auf einer mühevollen und oft schmerzhaften Wegstrecke und stehen seiner Selbstheilung möglichst nicht im Weg. Unsere Bemühungen sollten dazu führen, dass unser Patient wieder sein möglichst glückliches (geglücktes) Leben führen kann.

Glückendes Leben

Aus einem völlig anderen Forschungsbereich kommt eine Konkretisierung des meist wolkigen Begriffs „Lebensqualität" im Sinn eines glückenden menschlichen Lebens. Ausgehend vom Ökonomen und Philosophen Amarthya Sen (geb. 1933) [94] hat die Philosophin Martha Craven Nussbaum (geb. 1947) einen auch für Ärzte interessanten, eher ungewöhnlichen Zugang zur Lebensqualitätsfrage entwickelt. Ihre Fragestellung lautet: Welche Bedingungen müssen erfüllt sein, um Menschen ein glückendes, menschenwürdiges Leben zu ermöglichen? Dabei geht es ihr sowohl um die sozialpolitischen Voraussetzungen als auch um die Grundfähigkeiten, die Menschen dazu brauchen. Martha Nussbaum hat einen Zehnpunktekatalog zu den dazu erforderlichen *Capabilities* bereit gestellt [71], der auch erweitert werden könnte:

1) Die Möglichkeit, ein volles (erfülltes) Menschenleben bis zum Ende zu führen; nicht vorzeitig zu sterben oder sterben zu können, bevor das Leben so reduziert ist, dass es nicht mehr lebenswert erscheint.

Es ist die genuine Aufgabe des Arztes, Leben zu retten und zu erhalten. Es ist ebenso unsere Aufgabe, das Sterben nicht aufzuhalten. Palliative Medizin kann das terminale Leid reduzieren. Ob es in speziellen Fällen ärztliche Aufgabe bleibt, extrem leidvolles Leben auch vor dem Sterbeprozess zu verkürzen, bleibt nach wie vor umstritten.

2) Die Möglichkeiten, sich guter Gesundheit zu erfreuen; sich angemessen zu ernähren; eine angemessene Unterkunft zu haben; Möglichkeiten zu sexueller Befriedigung zu haben; sich von einem Ort zum anderen frei zu bewegen.

Ärzte versuchen eine möglichst gute Gesundheit wiederherzustellen oder, in der präventiven Medizin, zu erhalten. Patienten, die sich nicht angemessen ernähren, können von uns künstlich ernährt werden. Stationäre Patienten, die sich nicht ernähren können, sollte man nicht vorzeitig entlassen. Patenten, die sich nicht frei bewegen können, bedürfen der besonderen Versorgung. Die medizinische Betreuung von Flüchtlingen bleibt schwierig: Die Unterkünfte sind keineswegs immer angemessen sondern oft krankheitsfördernd.

3) Die Möglichkeit, unnötigen Schmerz zu vermeiden und freudvolle Erlebnisse zu haben.

Solange Kliniken sich mit dem Alleinstellungsmerkmal schmücken, sie seien das schmerzfreie Krankenhaus, kann man nicht von einer breiten Etablierung der Schmerztherapie sprechen. Wer Angst vor Verordnung von Betäubungsmitteln hat, sollte sich weiterbilden.

4) Die Fähigkeit, seine fünf Sinne zu benutzen, sich etwas vorzustellen, zu denken, zu urteilen.

Wenn wir Behandlungen durchführen, die Sinnesorgane oder das Gehirn betreffen, ist spezielle Sorgfalt angezeigt. Sensorische und mentale Einschränkungen sind immer tiefe Einschnitte in das soziale Potential des Patienten.

5) Das Potential, Bindungen zu Dingen und Personen außerhalb unser selbst zu haben; diejenigen zu lieben, die uns lieben und für uns sorgen und über ihre Abwesenheit traurig zu sein; allgemein gesagt: zu lieben, zu trauern, Sehnsucht und Dankbarkeit zu empfinden.

Einweisungen in Pflegeheime oder krankheitsbedingte Wohnortwechsel zerreißen oft die sozialen Bindungen, zumindest werden sie erschwert. Darunter leiden die Selbstheilungskräfte, auf die wir Ärzte immer angewiesen sind.

6) Die Fähigkeit, sich eine Vorstellung vom Guten zu machen und kritisch über seine eigene Lebensplanung nachzudenken.

Krankheiten sind oft schmerzhafte und tiefe Einschnitte in die individuelle Lebensplanung des Patienten, auch in den Lebensplan des Partners und der ganzen Familie. Andererseits kann die Krankheit und deren Therapie das Nachdenken darüber, was jetzt das Gute für sich selbst, die Partnerbindung, die Familie sein könnte, auch behindern. Wenn wir das Patientenwohl im Auge behalten, müssen wir unsere Patienten durch diesen Prozess hindurch begleiten.

7) Das Potential, für andere und bezogen auf andere zu leben, Verbundenheit mit anderen Menschen zu erkennen und zu zeigen; verschiedene Formen von familiären und sozialen Beziehungen einzugehen.

Eine Krankheit kann den Patienten auf sich selbst zurückwerfen. Er bunkert sich ein und schottet sich ab, auch von engsten Angehörigen. Aus ärztlicher Sicht ist das gefährlich für ihn selbst, denn er wird im zukünftigen Krankheitsverlauf wahrscheinlich noch soziale Bindungen brauchen.

8) Die Fähigkeit, in Verbundenheit mit Tieren, Pflanzen und der ganzen Natur zu leben und pfleglich mit ihnen umzugehen.

An diesem Punkt könnte man über unsere Tierversuche nachdenken. Schon die wissenschaftliche Fragestellung, die einen Tierversuch erforderlich macht, muss so relevant sein, dass man diesen rechtfertigen kann. Selbstverständlich ist die Anzahl der Tiere aufs engste zu begrenzen. Die Unterbringung der Tiere hat sich in den letzten Jahren erheblich verbessert. Man hat auch eine Verantwortung für das Leid und ggf. den Tod seiner Versuchstiere.

9) Die Fähigkeit, zu lachen, zu spielen und Freude an erholsamen Tätigkeiten zu haben.

Viele unserer Patienten werden krankheits- oder therapiebedingt depressiv und sind dann völlig überfordert von kleinsten alltäglichen Problemen. Sie können sich nicht erholen. Es ist eine ärztliche Aufgabe, sie aus diesem Jammertal herauszuholen.

10) Das Potential, sein eigenes Leben und nicht das von jemand anderem zu leben.

Wer Aufklärungsgespräche zu Diagnose, Therapieziel, Behandlungsoptionen und Prognose führt, kennt das Phänomen: Der Patient bleibt verschlossen, es antwortet immer nur der Lebenspartner, allenfalls nickt der Patient oder schüttelt den Kopf. Es ist für uns schwer zu erkennen, ob es ihm die Sprache verschlagen hat oder ob der Partner schon immer die wichtigen Entscheidungen in seinem Leben getroffen hat. Wir müssen eine Gelegenheit finden, mit ihm alleine zu sprechen und einen Einblick in seine eigene Vorstellung vom guten Leben gewinnen.

10a) Die Möglichkeit, sein eigenes Leben in seiner eigenen Umgebung und seinem eigenen Kontext zu leben.

Die Einschränkung der Lebensqualität ist erheblich, wenn wir einen Patienten für längere Zeit stationär behandeln, z.B. auch in einer Rehabilitationsklinik. Noch tiefer geht der Schnitt bei Verlegung ins Pflegeheim.

Dieser *Capability Approach* kann die Diskussion um die Lebensqualität unserer Patienten griffiger machen. Auch im Gespräch mit dem Patienten kann die Anamnese konkreter werden. Wenn wir den Begriff „Patientenwohl" oder „Lebensqualität" für die tägliche Arbeit am Patienten nutzen wollen, müssen wir wissen, was für unseren Patienten in seinem Leben wichtig ist. Auch bei einer Beratung zur Patientenverfügung kann entscheidend sein, welche Capability geopfert würde, um eine individuell wichtigere zu erhalten.

Hilfreiche Fragen

Man kann folgende Fragen zur Lebensqualität bei jeder medizinischen Handlung einsetzen und diese Liste ist selbstverständlich bei spezifischem Bedarf zu erweitern:

a) Dienen unsere medizinischen, pflegerischen, therapeutischen Maßnahmen dazu, dem Patienten sein erfülltes Leben bis zuletzt zu ermöglichen?

b) Haben wir ausreichend kommuniziert, um zu wissen, was der Patient unter *seinem* guten Leben versteht?

c) Verhindern wir unnötigen Schmerz, unnötige andere Leiden (z.B. Atemnot, Übelkeit, Angst, Depression)?

d) Schränken wir unangemessen seine Sinne ein oder behindern wir die Hirnfunktionen?

e) Erschweren wir seine sozialen Bindungen?

f) Braucht er Unterstützung für seine weitere Lebensplanung (und durch wen)?

g) Kann er solange wie möglich in seiner vertrauten Umgebung, in seinem sozialen Netz bleiben und welche Hilfen braucht er dazu?

All diese Fragen zur Lebensqualität haben verantwortungsvolle Ärzte, Pflegende und Therapeuten schon immer so oder ähnlich gestellt. Wir sollten erreichen, dass diese Fragen bei jeder ärztlichen und pflegerischen Handlung berücksichtigt werden. Sie gehören in unser Standesethos, auch damit wir härtere Argumente gegenüber den rein ökonomischen Forderungen an unser Handeln haben.

Patientenwille

Der Wille ist Ausdruck unserer individuellen Freiheit und Autonomie. Während ein Wunsch im Unverbindlichen bleibt, hat ein Wille immer schon das Ziel der Umsetzung. Der Patientenwille sucht also nach Mitteln und dazu sucht der Patient die Hilfe eines Arztes. Nun hat die Freiheit der Menschen immer Grenzen durch Naturgesetze, durch Umgebungsbedingungen, durch die eigene Begrenztheit, vor allem durch die Freiheit der anderen, die ja auch das Maximum an ihrer persönlicher Freiheit suchen. Menschen leben in solchen Situationen und sie passen sich mehr oder weniger freiwillig darin ein. Deshalb ist die persönliche Autonomie immer relativ, d.h. in einem Bezug zur aktuellen Situation.

Das unterscheidet *Autonomie* von *Autarkie*, der absoluten Unabhängigkeit im Wollen, Entscheiden und Handeln. Wer autark ist, ist auf niemanden angewiesen, er erwartet keine Unterstützung, er muss auf Situationen und Mitmenschen keine Rücksicht nehmen. Er verabsolutiert seine individuelle Freiheit. Solche Menschen sind Soziopathen, sie passen nicht in eine Gemeinschaft oder Gesellschaft.

Autonomer Patient

Wenn der Patient den Arzt aufsucht, erwartet er Hilfe. Er hat ein gesundheitliches Problem, mit dem er alleine nicht fertig wird. Dabei ist er sicher nicht mehr autark, durchaus aber noch autonom, wenn er Verstand und Vernunft hat. Der autonome Patient nimmt medizinische Hilfe an, um seine möglichst große Freiheit wieder zurück zu erlangen.

Der Patient hat sich meist durch diverse Medien über seine Symptomatik kundig gemacht, hat all dies mit seinem Körpergefühl zu vereinbaren gesucht und ist so zu seiner Diagnose gekommen. Auch wenn es manche Ärzte ärgert: Diese Laiendiagnosen sind oft hilfreich. Sie spiegeln das Gesundheits-Krankheits-Konzept des Patienten wider. Dieses ist schwer beeinflussbar; man sollte besser darauf eingehen. Der Patient hat wahrscheinlich schon selbst versucht, über die üblichen Hausmittel eine Heilung zu erreichen: Wer geht schon gerne zum Arzt? Leider waren seine Versuche erfolglos. Der Patient hat aber eine Vorstellung darüber, was ihm helfen könnte und wozu er einen Arzt braucht.

Der autonome Patient darf selbstverständlich wollen, was ihm beliebt. Das liegt in seiner Freiheit. Der kluge Arzt hört aufmerksam zu und entnimmt wichtige Informationen für die weitere Diagnostik und Therapie. Die diagnostischen und therapeutischen Ideen des Patienten sind ja manchmal medizinisch gar nicht so unvernünftig. Man kann sie oft direkt umsetzen. Der Patient fühlt sich dann zu Recht verstanden und eingebunden in die Prozeduren. Das hilft bei der Adhärenz ebenso wie bei der Salutogenese.

Indikation

Häufig ist der Patientenwille jedoch nicht vereinbar mit den diagnostischen und therapeutischen Prinzipien eines Arztes, mit den Regeln der Kunst, mit dem Stand der Wissenschaft, mit der lokalen Umsetzbarkeit, mit den Kosten. Woran orientiert sich dann der Arzt? Dessen wichtigster Maßstab ist die Indikation. Sie beruht auf einer belastbaren Diagnose und einem gemeinsam vereinbarten, erreichbaren Therapieziel. Ob der Patient eine Heilung durch riskante Therapiemethoden oder lieber eine Linderung durch weitgehend harmlose Behandlung sucht, hängt sehr von seiner Idee eines guten, gelingenden Lebens ab. Der Respekt vor der Patientenautonomie erfordert selbstverständlich das Eingehen auf den Willen und die Lebensziele des Patienten.

Eine Therapie ist indiziert, (a) wenn sie den Regeln der ärztlichen Kunst entspricht, (b) sich auf der Höhe der medizinischen Wissenschaft befindet, (c) der medizinischen Ethik nicht widerspricht, (d) wenn sie lokal umsetzbar und wirtschaftlich ist. Wer den Leitlinien folgt, wird die Regeln einhalten und befindet sich auf einer wissenschaftlichen Basis. Allerdings kann nicht jeder Patientenwille vom Arzt umgesetzt werden. Der Arzt ist nicht sklavisches Werkzeug des Patienten; ohne solide Indikation darf er nicht behandeln. Ebenso wenig darf therapiert werden, wenn der Patient nicht zustimmt.

Ein Missverständnis bei Therapieziel und Behandlung sollte ausgeräumt werden. Viele Patienten glauben, sie hätten ein Anrecht auf das Erreichen des Therapieziels im Sinne eines *Werkvertrages*. Nachdem wir Gesundheit nicht einmal definieren können, wäre das ziemlich fahrlässig. Wir schließen deshalb einen *Behandlungsvertrag* ab im Sinne eines Dienstvertrags. Der Paragraph 630a Absatz 2 des Bürgerlichen Gesetzbuches fordert:

> „Die Behandlung hat nach den zum Zeitpunkt der Behandlung bestehenden, allgemein anerkannten fachlichen Standards zu erfolgen, soweit nicht etwas anderes vereinbart ist."

Die sogenannte *wunscherfüllende Medizin* bewegt sich auf dünnem Eis. Sie hat nämlich keine oder fragwürdige Indikationen. Meist geht es um *Enhancement*, d.h. Verbesserung des Aussehens oder der geistigen und körperlichen Leistungskraft. Die Patienten instrumentalisieren Ärzte für ihre Lebensplanoptimierung, weil sie sich soziale, sexuelle oder ökonomische Vorteile davon erwarten. Dazu werden meist Werkverträge abgeschlossen; das Enhancement-Ergebnis wird versprochen. Wenn der Patient enttäuscht wird, sind juristische Auseinandersetzungen die Regel.

Schriftlicher Wille

Für den Fall, dass man als erwachsener Patient seinen Willen nicht mehr selbst vernünftig äußern kann, gibt es die Möglichkeit der rechtzeitigen Patientenverfügung nach Paragraph 1901a BGB („Patientenverfügungsgesetz"). Sie sollte möglichst konkret festlegen, welche Behandlungsformen man möchte oder ablehnt. Um in Zweifelsfällen auf den mutmaßlichen Willen schließen zu können, sind Äußerungen zur Lebenseinstellung wichtig, z.B. was versteht man unter einem geglückten Leben, wie wichtig ist eine Lebensverlängerung, was heißt ein würdiges Lebensende, was möchte man unter gar keinen Umständen aushalten?

Dazu ist eine kompetente Beratung unumgänglich, wie es neuere Initiativen zur Patientenverfügung auch umsetzen, sogenanntes *Advance Care Planning* (z.B. www.beizeitenbegleiten.de). Für den einwilligungs**un**fähigen Patienten ist der Patientenvertreter (Bevollmächtigter oder Betreuer) eine entscheidend wichtige Person. Dieser Patientenvertreter hat für die Erfüllung des Patientenwillens zu sorgen, gegebenenfalls auch unter Mithilfe des Betreuungsgerichtes.

Konflikte

Konflikte zwischen Patientenwille und ärztlicher Indikation sind vorprogrammiert. Man kann die Situation in einer Vierfeldertafel vereinfacht darstellen. Wenn der Patient eine bestimmte Behandlung will, der Arzt aber keine Indikation sieht, wird der Arzt die Behandlung ablehnen, schon um sich selbst zu schützen. Wenn der Arzt eine gute Behandlungsindikation gestellt hat, der Patient aber ablehnt oder nicht ausdrücklich zustimmt, wird dies womöglich den Arzt ärgern; er darf aber nicht behandeln, um keine Körperverletzung zu begehen. Zwangsbehandlungen sind immer ethisch wie juristisch problematisch.

	Patient will eine Behandlung	Patient will keine Behandlung
Indikation besteht	kein Konflikt	„unvernünftiger Patient“
Indikation besteht nicht	gefährliche oder nutzlose Behandlung	kein Konflikt

Autonome Patienten dürfen selbstverständlich „unvernünftig“ sein; die Verantwortung für ihre Entscheidungen liegt dann ganz bei ihnen. Der Arzt sollte dies gut dokumentieren. Was ist aber mit „unvernünftig“ gemeint? Wenn wir dem Patienten die Fähigkeit zu einer Geistesleistung absprechen, nämlich zur Vernunft, erheben wir, die wir ja alle durchweg vernünftig sind, uns über ihn und demütigen ihn, wie Avishai Margalit zeigt [62]. Wir verlieren die Augenhöhe, ohne die eine gegenseitige Zuerkennung von Menschenwürde nicht gelingen kann.

Konflikte werden durch Kommunikation entschärft (oder durch Situationen und Kompromisse eingefroren, es sei denn, sie eskalieren bis zur Vernichtung des Gegners). Medizin ist ein ausgesprochen kommunikativer Beruf; verbale und nonverbale Kommunikation sind erlernbar.

Natürlicher Wille

Aus dem Betreuungsrecht stammt die juristische Definition eines weiteren Willens, des „natürlichen" Willens. Einen „freien" Willen äußert ein volljähriger Mensch bei klarem Verstand mündlich oder schriftlich. Dazu ist eine rationale Entscheidung des Patienten erforderlich. Eine Patientenverfügung ist eine schriftliche Variante seines freien Willens. Seinen „mutmaßlichen" Willen kann man erkennen, wenn der Patient vor der Unfähigkeit zu kommunizieren seinen freien Willen früher einmal geäußert hat. Wenn es konkrete Hinweise gibt, kann sich der Patientenvertreter darauf berufen, der den Patientenwillen durchzusetzen hat.

Menschen, die in einer medizinischen Situation nicht mehr mündlich oder schriftlich kommunizieren können, die nicht mehr einwilligungsfähig sind, aber durchaus noch begreifen, was aktuell mit ihnen geschehen soll, können sich z.B. nonverbal dagegen entscheiden. Es genügt, wenn der Patient seinen Mund fest verschließt oder den Kopf wegdreht, um die Tabletten- oder Nahrungseinnahme zu verweigern. Es entstünde die Situation einer Zwangsbehandlung und dafür gibt es hohe juristische Hürden. Aus moralischer Sicht wäre es die Missachtung der noch vorhandenen restlichen Autonomie durch einen harten Paternalismus und ist somit abzulehnen.

Wünsche hat jeder Mensch. Sie gehören in das Reich der Träume und Phantasien, sind oft aktuell situationsbezogen, können aber auch Zukünftiges betreffen. Wünsche können allerdings völlig irrational sein. Oft konkretisieren sich Wünsche, dann kann daraus ein Wille werden. Er bezieht sich auf etwas Konkretes in der Zukunft. Der Wille aktiviert Kräfte und Mittel, er will etwas erreichen. Dazu braucht es praktische Vernunft mit Zielsetzung, Entscheidungskraft und Umsetzungsfähigkeit trotz Widerstand.

Den Begriff „natürlicher Wille" hat der Philosoph Georg Wilhelm Friedrich Hegel (1770–1831) eingeführt als Kontrast zum freien, rationalen Willen [40]. Er ordnet ihn in einen eher emotionalen oder triebhaften Zusammenhang ein. Damit ist der sogenannte „natürliche" Wille dem Bereich der Wünsche zuzuordnen. Unsere Patienten sind mit ihrer Situation oder mit einer Handlung nicht einverstanden. Sie mögen etwas nicht und äußern z.B. nonverbal ihren Unwillen.

Es entsteht nun ein *juristisch-theoretisches Problem*: Man kann einen rationalen, freien Willen nicht auf die selbe Bedeutungsstufe mit einem eher emotionalen Wunsch stellen. Ein medizin-ethisches Problem muss dabei nicht entstehen. Wir können selbstverständlich auf Wünsche unserer Patienten eingehen und unsere Behandlung darauf abstellen; immer ist die Indikation unserer Handlungen zu beachten.

Der Begriff des „natürlichen" Willens ist also in verschiedener Hinsicht problematisch: Er ist juristisch nicht ausreichend definiert. Betreuungsrichter entscheiden je nach Situation sehr unterschiedlich, weil Gesetze nicht eindeutig genug formuliert sind. Der „natürliche" Wille kann dem bisher bekannten freien Willen (z.B. in einer gültigen Patientenverfügung) widersprechen. Dieser Konflikt ist dann kaum lösbar, es sei denn, man ordnet den „natürlichen" Willen dem freien Willen unter. Dann könnte eine Zwangsbehandlung resultieren und das will niemand. Die Basis des „natürlichen" Willens sind meist Ängste des Patienten, die von einem Außenstehenden, der ja ebenfalls Gefühle hat, interpretiert werden. Diese Interpretationsbedürftigkeit eröffnet große Spielräume für Entscheidungen, die nicht unbedingt dem Patientenwohl dienen müssen.

Eine Patientenverfügung wird ja für eine Situation verfasst, die in der Zukunft liegt und die man detailliert noch nicht kennen kann. Es ist durchaus möglich, dass der Patient in einer späteren konkreten Lage eine medizinische Handlung möchte, die er in seiner schriftlichen Willensäußerung früher strikt abgelehnt hatte. Auch früher gewünschte Handlungen könnten jetzt unwillkommen sein. Seine Patientenverfügung darf aber nicht zur Falle werden.

Wir sollten den Begriff „natürlicher Wille", den man doch eher als einen Wunsch auffassen kann, in der Medizinethik vermeiden und lieber konkret beschreiben, was der Patient auch nonverbal äußert. Ein Zeuge wäre dabei hilfreich. Falls das Betreuungsgericht über medizinische Maßnahmen zu entscheiden hat, sind möglichst viele Details des Verhaltens in konkreten Situationen die Grundlage für das Urteil. Ob wir alle juristischen Kriterien für den sogenannten „natürlichen" Willen erfüllen, überlassen wir dann getrost dem Gericht.

Ärztliche Indikation

Als „indiziert“ bezeichnet man eine diagnostische oder therapeutische Maßnahme, die den Regeln der ärztlichen Kunst sowie dem aktuellen Stand der Wissenschaft entspricht und die notwendig ist, um das angestrebte Ziel der Maßnahme zu erreichen. Die Indikation hat auch die Verfügbarkeit und Finanzierbarkeit der Mittel abzuwägen. Außerdem sind die üblichen medizinethischen Normen zu berücksichtigen [21].

Die *Anamnese* beginnt mit aufmerksamem Zuhören und kurzen Verständnisfragen. Der Patient hat ein Gefühl und Konzept seines Wohlbefindens und Krankseins, das keineswegs mit unserer medizinischen Systematik der Krankheiten übereinstimmen muss. Während des Anamnesegesprächs versuchen wir eine systematische Einordnung, deshalb fragen wir gezielt nach. Das Gespräch bringt aber auch die Einstellung des Patienten zu seinem gesundheitlichen Problem ans Licht, zur Schwere der Beeinträchtigung in seinem Leben, zu seinen Behandlungswünschen.

Anschließend wird man die *körperliche Untersuchung* durchführen und kann anlässlich dieser Befunde wieder nachfragen, um die Anamnese zu ergänzen. Diese Symptome und Befunde verdichten sich schon während der Untersuchung zu unseren Differentialdiagnosen. Diese Liste der in Betracht kommenden Krankheitsbilder muss nun mit Einverständnis des Patienten abgearbeitet werden. Dazu dient die *apparative Diagnostik*, die immer gezielt eingesetzt wird: Das Ziel ist die Bestätigung oder der Ausschluss einer Differentialdiagnose auf unserer Liste. Jede technische Untersuchung hat unbestreitbar einen Nutzen, leider kann sie auch schaden. Man denke nur an Röntgenkontrastmittel und ionisierende Strahlen oder an bioptische Methoden. Mit dem Patienten sind Nutzenchance und Schadenrisiko zu besprechen, er muss ja zustimmen oder eben ablehnen können.

Die diagnostischen Prozeduren ziehen sich manchmal über längere Zeit hin. Der medizinische Laie erfährt dann bruchstückhaft und ohne die Zusammenhänge herstellen zu können Details über seinen körperlichen Zustand. Untersuchungen können deshalb psychisch sehr belastend wirken. Unserer Fürsorgepflicht entsprechend dürfen wir Patienten in dieser Zeit der Ungewissheit und Bedrohung nicht allein lassen: Wir sollten ansprechbar bleiben.

Die Basis jeder therapeutischen Indikation sind Diagnose und Therapieziel. Unsere Diagnosen sollten möglichst sicher sein. Im Notfall sind allerdings alle lebensrettenden Maßnahmen auch ohne ausführliche (Differential-) Diagnostik indiziert. Wir stabilisieren Atmung und Kreislauf und versuchen, möglichst schnell eine Intensivstation zu erreichen. Erst wenn das Überleben des Patienten gesichert ist, wird man die Ursachen seiner Erkrankung aufklären können. Die weitaus meisten medizinischen Behandlungen sind nicht akut lebensrettend. Je weniger lebensnotwendig (d.h. je elektiver) eine Behandlung ist, desto gewisser muss man sich seiner Diagnose sein. Vorerkrankungen oder bereits eingenommene Medikamente spielen eine große Rolle für die nun notwendige neue Therapie. Die Wünsche des Patienten und seine Einstellung zum Leben mit Erkrankung sind besonders wichtig.

Therapieziele

Mögliche Therapieziele sind immer mit dem Patienten abzustimmen. Patienten haben oft ganz andere Ziele als wir erwarten. Sie dürfen bei einem autonomen Menschen auch im medizinischen Sinne unvernünftig sein. Ob wir behandeln können, hängt von unserer Indikationsstellung und der Zustimmung des Patienten ab. Es ist klug, dem Patienten klar zu machen, dass wir das Erreichen eines Therapieziels nie versprechen können. Die Erreichbarkeit hängt von vielen Faktoren ab, z.B. von der Gewissheit der Diagnose, der individuellen Wirksamkeit der Therapie, der Salutogenese des Patienten und seiner Adhärenz, vom unerwarteten Krankheitsverlauf und von vielen Zufällen. Deshalb befinden wir uns nicht in einem Werkvertrag, sondern in einem Dienstvertrag, der die korrekte Behandlung verspricht, nicht etwa ein vereinbartes Therapieziel. Ebenso klug ist es, darüber zu sprechen, was angestrebt wird, falls das ursprüngliche Therapieziel nicht zu erreichen wäre („Plan B").

Wenn Diagnose und Therapieziel mit dem Patienten besprochen sind, muss man sich über die indizierte Behandlung einigen. Fast immer gibt es mehrere Behandlungsformen, die mit hoher Wahrscheinlichkeit das Ziel erreichen können.

Zwei Arten der Indikation

Man unterscheidet grundsätzlich zwei Formen der Indikation. Die medizinisch-wissenschaftliche Indikation der *Evidence Based Medicine* [EBM] beruht auf klinischen Studien. Dort werden Krankheitsbilder definiert, Ein- und Ausschlusskriterien für die Studie festgelegt und die Studienendpunkte genannt. Daraus kann man mit einer bestimmten Irrtumswahrscheinlichkeit (z.B. 5%) auf die Erreichbarkeit eines Therapieziels und die Häufigkeit unerwünschter Wirkungen schließen. Wer sich auf klinische Studien bezieht, sollte immer überprüfen, ob der aktuelle, konkrete Patient die Ein- und Ausschlusskriterien der Studien erfüllt hätte. Nur dann wäre ein Studienergebnis oder eine Metaanalyse auch für diesen Patienten zutreffend. Das Ziel von EBM ist eine Standardisierung der Behandlung vergleichbarer Krankheitsbilder und die Erstellung von Leitlinien. EBM liefert die wissenschaftliche Basis unserer *medizinisch-wissenschaftlichen Indikationen.*

Bei einer *ärztlich-patientenorientierten Indikation* hat man jedoch individuelle Patienten vor sich und nicht abstrakte Krankheitsbilder. Wir nehmen die wissenschaftliche Basis der EBM als Entscheidungsgrundlage und modifizieren sie nach den Erfordernissen des Patienten. Dabei sind z.B. die individuelle Nutzenchance und das Schadenrisiko abzuwägen. Wenn Schäden unumgänglich sind, müssen sie kontrollierbar bleiben. Berücksichtigt werden z.B. auch Begleitkrankheiten und deren Therapie (incl. Medikamenteninteraktionen), die Lebensziele und Leidensfähigkeit des Patienten, sein Aufwand für Ambulanz- oder Praxisbesuche oder die Weiterversorgung nach einem klinischen Aufenthalt.

Es ist keine besondere intellektuelle Leistung, den Flowcharts der EBM blind zu folgen; es ist jedoch eine große Herausforderung, zusammen mit dem Patienten seine adäquate Therapie zu finden und konsequent durchzuführen. Deshalb ist praktische Medizin am kranken Menschen eine *Kunst und keine Naturwissenschaft.*

Wunscherfüllende Medizin

Die ärztlich-patientenbezogene Indikation eröffnet viele Grauzonen, die zu medizinisch-ethischen Problemen führen könnten. Die wunscherfüllende Medizin sieht das Gesundheitswesen primär als Wirtschaftsbetrieb und den Patienten als Kunden. In diesem Rahmen ist es für einen Arzt-Dienstleister ein völlig normales Geschäftsgebaren, alle Wünsche dieses Kunden auch zu erfüllen, zumal der ja dafür gut bezahlt. Dann wird man Indikationen geschäftsfördernd weit stellen. Der freie Gesundheitsmarkt soll dann gute und schlechte Ärzte belohnen oder bestrafen. Als ethischer Mindeststandard wäre immerhin zu fordern, dass der Arzt-Dienstleister als ehrlicher Kaufmann auftritt und gerechte Preise nimmt.

Es gibt jedoch gewichtige ethische Einwände dagegen. In Deutschland sind nur etwa 10% der Patienten privat versichert und Selbstzahler; hier gibt es ansatzweise einen Markt. In 90% der Fälle bezahlt nicht der Patient selbst, wie es in einem offenen Markt üblich wäre. Wir haben einen regulierten Markt mit einer Zwangsmitgliedschaft in einer solidarisch organisierten Krankenkasse. Geschädigt wird also das Solidarsystem, wenn unnötige Therapien finanziert werden und somit alle Beitragszahler, auch die gesunden. Außerdem widersprechen Therapien ohne solide Indikation der ärztlichen Kunst (und dem Arztethos) und könnten im Fall eines Patientenschadens juristische Konsequenzen haben.

Interessant ist, dass in den letzten Jahren vorwiegend im englischsprachigen Raum eine Diskussion entbrannt ist, was ein Arzt heutzutage tun darf und was nicht (*professionalism*). Das greift jetzt nach Europa über, man spricht von einem „neuen" Arztethos. In einem Züricher Vorschlag [116] steht zum Thema Indikation u.a.:

> „Ich betreibe eine Medizin mit Augenmaß und empfehle oder ergreife keine Maßnahmen, die nicht medizinisch indiziert sind" und „Ich gehe keinen Vertrag ein, der mich zu ... nicht-indizierten Leistungen ... nötigt".

Die Balance zwischen dem Patientenwillen und der soliden Indikation ist nicht immer einfach. Dazu bedarf es einer guten Kommunikation und einer gewissen charakterlichen Standfestigkeit, die nutzlose oder gefährliche Behandlungsformen benennt und ablehnt. Unsere ärztliche Aufgabe ist das Wohl des Patienten (*salus aegroti suprema lex*), nicht die Wunscherfüllung (*voluntas aegroti*). Ohne Übernahme der Verantwortung für unser Handeln an einem Kranken ist das unmöglich.

Wahrheit am Krankenbett

Viele Patienten unterstellen uns, wir wüssten die ganze Wahrheit über ihre Erkrankung, wir teilten sie ihnen aber nicht ganz oder gar nicht mit. Nun ist Wahrheit leider ein schillernder Begriff, was schon die verschiedenen Adjektive zeigen. Wahrheit ist schlicht, voll, bitter, ungeschminkt, grausam, rein, lauter ... Das Gegenteil ist die Unwahrheit und wenn sie Schaden zufügen oder einen Vorteil erringen will, die Lüge. Der Philosoph und Mönch Thomas von Aquin hat eine immer noch gültige Definition von Wahrheit geliefert: *veritas est adaequatio rei et intellectus* (Wahrheit ist die Übereinstimmung des Sachverhalts mit der Vernunft) [101]. Damit wird Wahrheit eine subjektive Leistung: Man muss sich eine Wahrheit selbst zu eigen machen.

Wahrheitstheorien

Von welcher Wahrheit spricht Thomas von Aquin? Die subjektive Wahrheit interessiert nur mich selbst; die absolute Wahrheit ist immer Glaubenssache; die intersubjektive Wahrheit betrifft die Arzt-, Pfleger-, Therapeuten-, Apotheker-Patienten-Beziehung. Diese intersubjektive Wahrheit interessiert uns hier. Es gibt fünf gängige Wahrheitstheorien [96], die jeweils verschiedene Aspekte betreffen. Thomas von Aquin vertritt die *Korrespondenz-Theorie*: Die Aussage gibt die Wirklichkeit wieder. Die *Kohärenztheorie* betrifft Sätze in einem geschlossenen System; in der Mathematik gibt es z.B. wahre und falsche Sätze. Wenn sich Fachleute auf einen Sachverhalt geeinigt haben, entspricht dies der *Konsenstheorie*. Die *pragmatische Theorie* hält eine Theorie für wahr, wenn darauf beruhende Handlungen erfolgreich sind. Wenn nur wahr ist, wovon man selbst überzeugt ist, entspricht dies der *Evidenztheorie*.

Wahrheit in Beziehungen

Wozu brauchen wir in einer Beziehung die intersubjektive Wahrheit? Zwischen Menschen spielt Wahrheit eine große Rolle; sie wird zur gemeinschaftlichen Lebensbewältigung benötigt [96]. Nach dem Philosophen Peter Janich (1942–2016) brauchen wir für gemeinsame Handlungen ein zuverlässiges Wissen über Gelingen oder Misslingen der Handlung [47]. Die Voraussetzung dazu ist eine gelungene Kommunikation, in der wir einerseits prüfen, ob die Rede verständlich, klar und logisch ist. Andererseits prüfen wir, ob der Sprecher glaubwürdig ist: Können wir ihm vertrauen? Kann er uns überzeugen? In diesem Kommunikationsprozess werden wir uns im Optimalfall eine gemeinsame Wahrheit konstruieren. Sie ist die Basis für gemeinsames Handeln.

Wahrheit kann bei der Übermittlung eines Sachverhaltes entstehen, wenn wir den Sprechenden für vertrauenswürdig halten. Nach dem Philosophen Bernard Williams (1929–2003) wollen wir wissen, ob er lügt (Wahrhaftigkeit), ob seine Worte und Taten übereinstimmen (Beständigkeit, Integrität), ob er negative wie positive Aspekte ausgewogen darstellt (Objektivität), ob er eigene, verborgene Ziele verfolgt (Sachlichkeit) und zuletzt, ob er dialogbereit ist (Augenhöhe) [115]. Die Aneignung einer Wahrheit geschieht immer freiwillig, jeder Zwang macht uns misstrauisch.

Nun befinden sich Menschen immer wieder in sozialen Situationen, wo es klüger sein kann, mit der vollen Wahrheit vorsichtig umzugehen. *Höflichkeit* nimmt es mit der Wahrheit ja nicht so genau, kann aber soziale Bindungen durchaus erhalten und stärken. Sie muss nicht immer der lauteren Wahrheit entsprechen, sollte aber nie schädigen. Wir lernen in den ersten beiden Lebensjahrzehnten, Wahrheit und Unwahrheit zu dosieren.

Gewissheit

Ärzte sind nie im Besitz einer Wahrheit, sie haben hingegen mehr oder weniger Gewissheit. Im Gegensatz zu Wahrheit kann Gewissheit [117] abgestuft werden, wenn man z.B. sagt, man sei sich ziemlich sicher oder man irre wahrscheinlich nicht. Alle unsere naturwissenschaftlichen Befunde beruhen auf Methoden mit einer bestimmten Fehlerquote, mit einer statistischen Irrtumswahrscheinlichkeit. Wir sichern regelmäßig die technische Qualität der Methoden, sodass wir uns auf die Ergebnisse und deren Fehlerquote verlassen können (Richtigkeit). Anschließend interpretieren wir die Befunde, was allerdings die Gewissheit nicht immer vergrößert.

Wahrhaftigkeit

Die Haltung, nicht lügen zu wollen, nennen wir Wahrhaftigkeit. Alles was mit dem Patienten besprochen wird, soll der größtmöglichen Gewissheit entsprechen, was auch bedeutet, möglichst nichts zu verheimlichen. Wir antworten auf alle Fragen und Rückfragen des Patienten möglichst wahrheitsgetreu [88]. Wichtig ist, den Patienten fragen zu lassen, denn das Gefragte hat für sein Leben Bedeutung: Seine Fragen dienen der Sinnsuche. Man soll den Patienten nicht mit Text überschütten; er wird sich nichts davon merken, weil er darin die Relevanz für sein Leben nicht findet. Nicht gestellte Fragen müssen auch zunächst nicht beantwortet werden. Weitaus zielführender ist es, einen zweiten Gesprächstermin nach einigen Tagen anzusetzen. Dann kommen meist gezieltere Fragen, die wahrheitsgemäß zu beantworten sind.

Die Suche nach der patienteneigenen Wahrheit kann einige Tage dauern. Wir sollten diesen Prozess begleiten und ansprechbar bleiben. Es kann sehr hilfreich sein, die Angehörigen einzubinden. Sie wirken an der Wahrheitskonstruktion in der sozialen Umgebung mit. Wir werden sie für die weitere medizinische Versorgung und psychische Unterstützung des Patienten brauchen: Wahrheit ist für gemeinsames Handeln unabdingbar.

Ebenso wichtig ist die Einbindung des ganzen Behandlungsteams, denn der Patient wird Pflegende und Therapeuten nach der Wahrheit fragen. Wenn er nun widersprüchliche Aussagen erhält, wird er misstrauisch werden und am Mitgeteilten zweifeln. Seine Wahrheitskonstruktion erhält Risse, weil die Glaubwürdigkeit schwindet. Im Team sollten alle dieselben Gewissheiten teilen und vertreten können.

Schlechte Botschaften

Jahrhundertelang war es üblich, dem Patienten keine schlechte Botschaft zu überbringen, weil vermutet wurde, das würde den Krankheitsverlauf ungünstig beeinflussen [43]. Die deutsche Rechtsprechung ist hingegen der Meinung, dass ein autonomer Mitbürger auch eine schlechte Nachricht ertragen müsse, damit er in Freiheit weiter entscheiden und handeln könne. Auf das sogenannte therapeutische Privileg, nämlich den Patienten nicht aufklären zu müssen, sollten wir uns deshalb besser nicht verlassen.

Eine andere Angelegenheit ist das Recht auf Nichtwissen. Niemand darf als autonomer Mensch dazu gezwungen werden, etwas zur Kenntnis nehmen zu müssen, was er nicht wissen will. Wenn der Patient also ausdrücklich auf eine Besprechung seiner Befunde oder auf eine Aufklärung vor einem Eingriff verzichtet, sollte dies sorgfältig (mit einem Zeugen) dokumentiert werden. Ob der Arzt den Eingriff an einem willentlich nicht aufgeklärten Patienten dennoch durchführen will, bleibt dann seine ärztliche Entscheidung.

Mit der nötigen Empathie und Wahrhaftigkeit aufgeklärte Patienten gehen mit ihrer Erkrankung entschlossener um. Sie machen wieder Pläne z.B. für Behandlungstermine, weil sie über ihr Leben wieder selbst verfügen wollen. Das gilt auch für Angehörige. Ein gelungenes Aufklärungsgespräch spart in der Folge viel Zeit: Man braucht keine langen Diskussionen mehr.

Problematisch ist es, Angehörige komplett aufzuklären, Patienten aber nicht oder unvollständig. Den verschiedenen Aufklärungsstand erkennt der Patient in Kürze und er erfährt von seinen Angehörigen den Sachverhalt, nicht vom Arzt. Das sät Misstrauen. Hat man das Patientengespräch auf Unwahrheiten aufgebaut, braucht man ein sehr gutes Gedächtnis, weil man konsequent und folgerichtig weiter lügen muss, um nicht vollends unglaubwürdig zu werden. Innerhalb eines Behandlungsteams sind Lügen nie durchzuhalten; irgendeiner verplappert sich immer. Das resultierende Misstrauen ist der Feind der Wahrheit.

Eine bewährte Methode, auch *schlechte Nachrichten* verträglich zu vermitteln, ist SPIKES [8]:

> (1) Die *Situation* muss gestaltet sein: Man wird etwa 30 Minuten Gesprächszeit benötigen, das Zimmer braucht genügend Sitzplätze und einen Tisch, man bietet etwas zu Trinken an. Telefone werden abgeschaltet, niemand darf stören. Man zeigt dadurch, dass es jetzt nichts Wichtigeres gibt als dieses Gespräch.
>
> (2) Man fragt den Patienten nach seinem *Vorwissen*, so kommt man leichter ins Gespräch und man muss später nichts Bekanntes wiederholen. Der Patient verrät uns viel über sein Körpergefühl und über seine Krankheits-Gesundheits-Theorie.

(3) Dann erkundigt man sich nach seinem *Informationsbedarf*: Welche Details will der Patient wissen? Er hat ja schon mit dem Hausarzt und mit seinen Angehörigen diskutiert, er hat wahrscheinlich das Internet durchforstet. Man erkennt auch, worüber er nicht sprechen möchte; das kann man auch ansprechen und anbieten, später darüber zu reden.

(4) Erst jetzt kann man *Kenntnisse* vermitteln und über Untersuchungsergebnisse sprechen. Vielleicht warnt man vor der schlechten Nachricht. Man benützt eine adäquate Sprache und bildet sehr kurze Informationseinheiten. Man macht häufig Pausen und lässt nachfragen. Auch hier ist Zuhören viel wichtiger als „Zutexten".

(5) *Emotionen* sollen benannt werden. Wovor hat der Patient Angst? Was macht Wut? Manchmal kann man nicht weiter kommunizieren, weil der Patient in Tränen ausbricht – oder man selbst mit Tränen kämpft. Dann unterbricht man und macht eine kurze Pause oder vereinbart einen neuen Termin.

(6) Zuletzt entwickelt man mit dem Patienten eine Strategie für die nahe *Zukunft*. Was kommt als nächstes? Wie passen Diagnostik- oder Therapieplan und die Lebensplanung zueinander? Was muss abgesagt werden? Wann sehen wir uns wieder? Welche Ziele oder Termine will der Patient unbedingt beibehalten?

Solche oder ähnliche Kommunikations-Verfahren können erlernt und trainiert werden. Sie müssen Bestandteil des Studiums und der Aus- und Weiterbildung werden. Ohne gelingende Kommunikation ist ärztliche, pflegerische, therapeutische Arbeit am Patienten nicht erfolgreich.

Ärzte besitzen nie ***die*** Wahrheit, allenfalls mehr oder weniger Gewissheit über Krankheiten, Befunde und Prognosen. Wir können aber den Patienten auf dem Weg zu seiner Wahrheit unterstützen, indem wir kommunikationsbereit bleiben und uns um Wahrhaftigkeit bemühen.

Wahrheit kann verletzen. Deshalb ist stets ein Bonmot des Schweizer Architekten und Schriftstellers Max Frisch (1911–1991) zu beherzigen:

> „Man sollte dem anderen die Wahrheit wie einen Mantel hinhalten, dass er hineinschlüpfen kann, und sie ihm nicht wie einen nassen Lappen um die Ohren schlagen."

Vertrauen

Es gibt keine *menschliche Beziehung* ohne ein Minimum an Vertrauen. Das gilt auch für die Beziehung zum Patienten. Sogar die einfache Kunden-Dienstleister-Beziehung setzt zumindest das Vertrauen des Patientenkunden in die funktionierenden Strukturen, Abläufe und Kompetenz der Mitarbeiter unseres Gesundheitswesens voraus. Umso mehr braucht es das Vertrauen des Patienten in uns als Personen, wenn er auf unsere Hilfe angewiesen ist. Dabei ist schwer zu unterscheiden, ob es sich bei Vertrauen um ein Gefühl handelt oder um ein rationales Geschehen [110]. Aber wir müssen das für unsere Zwecke auch nicht weiter differenzieren; wahrscheinlich trifft beides zu. Vertrauen spielt sich zwar in der Gegenwart ab, ist aber immer in die Zukunft gerichtet. Wir erwarten, dass das Vertrauen in eine Person uns Zukunftsentscheidungen und Handlungen leichter macht. Dabei gehen wir davon aus, dass sich die Vertrauensperson in erwartbarer Weise verhalten und uns unterstützen wird. Bei der Kooperation verlassen wir uns auf sie und geben einen Teil der Kontrolle über unsere Handlungen freiwillig an sie ab.

Vertrauensvorschuss

Vertrauen ist stets riskant, wie der Soziologe Niklas Luhmann (1927–1998) zeigt, weil wir nicht sicher wissen können, ob unser Vertrauensvorschuss später tatsächlich für uns von Nutzen sein wird, ob die Person unseres Vertrauens unsere Erwartungen erfüllen kann oder will [56]. Wir gehen dieses Risiko eines Vertrauensbruches im Alltagsleben deshalb ein, weil wir nicht alles alleine kontrollieren können. Unsere Umwelt ist viel zu komplex, die Zufälle sind unberechenbar. Wir verfügen niemals über genügend Wissen, Fähigkeiten und Fertigkeiten, um in dieser potentiell feindlichen Umgebung existieren zu können. Wir vertrauen von frühester Kindheit an den Eltern und der Familie. Wir lernen in Kindergarten und Schule, wem man besser nicht vertraut. Wir machen als Jugendliche und Erwachsene womöglich enttäuschende Erfahrungen. Zum Vertrauen gehört deshalb auch immer eine gewisse Portion Misstrauen.

Welchen Menschen gegenüber gehen wir das Risiko eines Vertrauensvorschusses ein? Nur den vertrauenswürdigen, die sich für uns interessieren, sich für uns einsetzen, die tun was sie sagen, die unser Vertrauen nicht missbrauchen für eigene Zwecke, mit denen wir Pläne machen können, die eingehalten werden, kurz: auf die wir uns verlassen können. Das Gefühl, jemandem vertrauen zu dürfen, kann sich schon in wenigen Minuten einstellen. Aber Vertrauen kann auch mit der Zeit wachsen; dann ist es wohl eher ein rationaler Vorgang.

Komplexitätsreduktion

Nach Niklas Luhmann ist interpersonelles Vertrauen ein gegenseitiger Vorgang, der dazu führt, dass man auf Vertrauen vertrauen kann. So reduziert sich die Komplexität der sozialen Beziehungen und situativen Möglichkeiten auf ein für uns soweit erträgliches Maß, dass wir handlungsfähig werden oder bleiben. Wir vergrößern unsere Entscheidungs- und Handlungsfreiheit, weil wir Unterstützung haben und uns darauf verlassen können. Vertrauen kann nie verordnet werden, es wird immer freiwillig geschenkt und angenommen. Jeder Druck oder Zwang zerstört die gegenseitige Vertrautheit und fördert sofort das Misstrauen. Niemand möchte in seinem Vertrauensvorschuss enttäuscht werden.

Jede menschliche Beziehung braucht Kommunikation, in solchen Beziehungen kann man nicht *nicht* kommunizieren. Auch das Nicht-Sprechen wird als Kommunikation empfunden und aufgefasst, außerdem kommuniziert man immer non-verbal. Eine vertrauliche Beziehung ist ohne Kommunikation völlig unmöglich. Vertrauen wächst oder schwindet mit Kommunikation, und Kommunikation benötigt Zeit.

Beziehung zum Patienten

In der Beziehung zum Patienten spielen sich alle diese genannten Vorgänge ab. Schon beim ersten Kontakt versucht der Patient zu erkennen, ob wir vertrauenswürdig sind. Die meisten Patienten geben uns einen gehörigen Vertrauensvorschuss, weil sie annehmen, die Mitarbeiter im Gesundheitssystem seien kompetent und würden sich um sie kümmern. Dieses Gesundheitswesen ist für sie völlig unübersichtlich, in den Strukturen und Abläufen unverständlich, es macht ihnen Angst. Sie werden vertrauen, weil sie diese Komplexität reduzieren müssen, um überhaupt entscheidungsfähig und handlungsfähig zu bleiben, d.h. um ihre restliche Autonomie zu wahren.

Bei längeren oder häufigen Kontakten wird der Patient jene Mitarbeiter herausfinden, die ihm als besonders vertrauenswürdig erscheinen. Sie haben sich für ihn interessiert, sie haben nachgefragt und sich gekümmert, sie haben ihm die Angst oder Ungewissheit genommen. Das müssen nicht die Entscheidungsträger sein, es wäre aber gut, wenn es diese wären. Wem es glückt, eine vertrauensvolle Beziehung aufzubauen, hat zufriedene Patienten.

Es mehren sich die Berichte, dass in den Krankenhäusern und Pflegeheimen die Arbeitsbedingungen so verschärft wurden, dass die Zeit für Kommunikation fehlt. Der Artikel einer Journalistin über ihre eigenen Krankenhauserlebnisse wurde übertitelt: Vertrauen über Jahrzehnte weggespart [3]. Die menschliche Beziehung zu unseren Patienten ist die Basis der Medizin. Die Kommunikation ist der Weg, das dazu nötige Vertrauen aufzubauen. Wir sägen am Ast auf dem wir sitzen, wenn wir uns von einer fehlgeleiteten Ökonomik unser wichtigstes Werkzeug nehmen lassen.

Unsere Macht

Über die Macht der Ärzte wird immer wieder geschrieben, ebenso über Gewalt in der Pflege. Wir finden das Wort im eher negativen Zusammenhang von Herrschaft, Zwang, Drohung, Gewalt vor. In der deutschen Sprache kommt es wohl von althochdeutsch „*magan*“: das Können, die Fähigkeit zu etwas. Macht scheint eher ein Potential darzustellen, nicht unbedingt direkten Zwang oder Gewalt.

Der Rhetor und Politiker Marcus Tullius Cicero (106–43 v.Chr.) unterschied zwei Formen von Macht, die Amtsgewalt (*potestas*) und das Ansehen (*auctoritas*) [22]. Beide seien im Staat erforderlich, um etwas Gutes zu erreichen.

Eine neuere Definition stammt vom Soziologen Max Weber (1864–1920) [111]:

> „Macht bedeutet jede Chance, innerhalb einer sozialen Beziehung den eigenen Willen auch gegen Widerstreben durchzusetzen, gleichviel worauf die Chance beruht.“

Weber sieht Macht also als günstige Gelegenheit und als Hebel etwas zu bewegen.

Die Philosophin Hannah Arendt (1906–1975) hat sich ausführlich damit auseinandergesetzt [5]. Sie trennt Macht und Gewalt, um sie analysieren zu können; realiter kommen sie vermischt in einer Person vor. Macht sieht sie als Potentialität, zusammen mit anderen zielorientiert zu handeln. Macht wird verwendet, um gemeinsame Ziele zu erreichen und benötigt nie Gewalt. Ist sie innerhalb der Gruppe legitimiert, folgen alle freiwillig und einvernehmlich. Gewalt hingegen benötigt keine freien Menschen, sie bedarf der Werkzeuge, um Zwang ausüben. Sie ist nie legitimiert. Zusammen mit der Politologin Hanna Fenichel Pitkin (geb. 1931) unterscheidet sie also zwischen einer ermöglichenden, schöpferischen Macht (*Power to*) und einer gewalttätigen, zerstörenden Macht (*Power over*) [77].

Der Anthropologe Helmuth Plessner (1892–1985) sieht Macht in allen menschlichen Beziehungen [78]. Dort gebe es ständig einen Kampf um Anerkennung und Rang: Macht sei eine anthropologische Konstante. Auch der Philosoph Michel Foucault (1926–1984) sieht Macht überall in menschlichen Gesellschaften [28]. Sie forme den Menschen in Familie, Schule, Beruf. Der Wille, das Wissen zu vermehren, ist für ihn der Wille zur Machtvermehrung.

Für den Soziologen Niklas Luhmann ist Macht ein zentrales Kommunikationsmedium in Gesellschaften [58]. Sie erhöht die Verlässlichkeit und stabilisiert ein System. In großen Menschengruppen entstehen Subsysteme der Macht, die die Zentralmacht begrenzen und nach Legitimation fragen. Es entstehen Regeln und Gesetze, die der Zentralmacht dienen.

Legitimierte Macht

In allen öffentlichen Institutionen gestehen wir dem Vorgesetzten eine durch das Amt legitimierte Macht zu. Sie wird durch seine fachliche und soziale Autorität gestärkt. Zu dieser Macht gehört der Vorsprung an Wissen, Erfahrung, Fertigkeiten, ebenso der Informationsvorsprung mit Kontrolle von Informationskanälen. Seine amtliche Macht kann er durch Belohnung (Aufmerksamkeit, Lob, Zuwendungen, Beförderung) steigern. Besitzt er ein besonderes Führungscharisma, werden ihm die Mitarbeiter bereitwillig folgen und sich mit ihm verbunden fühlen. Zwang (Demütigung, Degradierung) wirkt auf Mitarbeiter dann meist macht-destruktiv. Gelegentlich zeigt sich diese Macht symbolisch, z.B. am Chefparkplatz, am speziellen Sitzmöbel bei Konferenzen, am sogenannten letzten Wort, etc.

Die Macht des Chefs reicht in größeren Institutionen nicht bis zum letzten Mitarbeiter. Er muss Führungskräfte der mittleren Ebene etablieren, die Zuständigkeiten, Verantwortung und Einfluss und damit ebenfalls Macht haben. Der Chef kann seine „*Power to*" auf diese mittlere Führungsebene ausüben. In Krankenhäusern sind das die Abteilungsleiter und Oberärzte. Dadurch entstehen nach Luhmann *Machtketten*, die ein gewisses Eigenleben entwickeln. Die Macht des Chefs wird eingeschränkt, wenn er nicht sehr überzeugend motivierend wirken und auftreten kann. Falls er dann „*Power over*" einsetzt, wird er gerne auf dieser Arbeitsebene ausgebremst: Seine „*Power to*" schwindet paradoxerweise.

Autorität

In der Antike waren Priesterärzte für die Behandlung von Patienten zuständig, denn man glaubte, Krankheiten seien durch Gottheiten oder Dämonen verursacht. Ihre Fähigkeit, den Zorn der Götter zu besänftigen, begründete die Macht der Ärzte (theurgische Medizin bis etwa 500 v.Chr.). Mit der griechischen, naturphilosophischen Medizin traten empirische Befunde in den Vordergrund, es entwickelten sich diverse Krankheitstheorien (Hippokratische Medizin bis etwa 350 v.Chr.). Die Ärzte hatten im Folgenden nur noch Macht durch ihre fachliche Autorität (im Sinne von Ciceros *Auctoritas*).

Die Wende zur naturwissenschaftlichen Medizin des 18. Jahrhunderts sah im Arzt den Wissenschaftler. Wer seine Symptome und Befunde naturwissenschaftlich untermauern konnte, hatte die größte Autorität. Diese Strömung hat uns einen medizinischen Fortschritt ermöglicht, den damals keiner für möglich gehalten hätte. Inzwischen wächst die Skepsis gegenüber einer rein naturwissenschaftlichen Medizin. Viele Patienten suchen Ärzte, die sich um sie empathisch kümmern; das Pendel schlägt zurück.

Heute gibt es unendlich viele und für Laien kaum beurteilbare medizinische Informationen im Internet. Viele Patienten vertrauen auch deshalb den Ärzten nicht mehr: Schwindet womöglich der letzte Rest ärztlicher Macht? Wahrscheinlicher ist, dass es nach wie vor ärztliche *Auctoritas* gibt und von den Patienten auch gewünscht wird.

Power to

Für unsere Zwecke genügt es zu sehen, dass Macht in allen sozialen Beziehungen vorkommt. Man kann das Phänomen also innerhalb der Medizin nicht ignorieren; wir können uns nur dazu verhalten. Wir können zwischen „*Power to*“ (Macht für) und „*Power over*“ (Macht über) unterscheiden, wobei beide Formen im selben Menschen präsent sind. Gewalt ist ein Phänomen, das wir der „*Power over*“ zuordnen können.

Innerhalb einer medizinischen Institution gestehen wir dem Vorgesetzten „*Power to*“ zu; sie ist durch sein Amt legitimiert. Wir erwarten, dass er diese Macht für die Patienten und für die Mitarbeiter nutzt. Dann empfinden wir seine Macht als hilfreich. Falls er seine „*Power over*“ gegen die Mitarbeiter nutzt, hinterfragen wir diesen Machtanspruch, unterlaufen ihn heimlich oder gehen in die Opposition. Seine *„Power to"* schwindet dadurch. Darauf hat schon Seneca hingewiesen: Der Machthaber ist mächtiger, wenn er durch Milde regiert [95], d.h. keinen Zwang ausübt. Falls er aber seine *„Power over"* gegen Patienten ausübt, gerät er in ein ernstes ethisches Problem: Er missachtet z.B. die Patientenautonomie und handelt als harter Paternalist. Psychische oder körperliche Gewalt gegenüber Patienten ist ein schwerer Eingriff in deren Autonomie und eine Demütigung: Der Patient wird gezwungen, gegen seinen eigenen Willen zu handeln oder ein Arzt oder Pflegender handelt an ihm gegen seinen Willen. Das ist eine Zwangsbehandlung und (da ohne Zustimmung) als Körperverletzung zu gewichten, von der psychischen Verletzung durch Demütigung ganz zu schweigen.

Gewalt

Empirische Daten zu ärztlicher Gewalt sind spärlich und auf Einzelfälle beschränkt, was nicht heißt, dass dies kein Problem für die Profession wäre: Immer wieder wird z.B. über sexuellen Missbrauch von Patientinnen berichtet. Auch die Erzeugung von Angst, falls der Patient den diagnostischen oder therapeutischen Empfehlungen nicht folgen will, entmündigt den Patienten und setzt in unter Druck.

Hingegen findet man in jüngster Zeit systematische Erhebungen zur Gewalt in der Pflege [119]. Von 250 Befragten berichteten 80% von verbaler Aggression, 57% von Vernachlässigung, 46% von körperlicher Gewalt, 23% von nicht legitimierten freiheitsentziehenden Maßnahmen und 21% von finanziellem Missbrauch. Diese bekanntgewordenen Gewaltformen sind erschreckend, auch in ihrer Häufigkeit; man muss eine zusätzliche Dunkelziffer annehmen. Ebenso erschreckend ist jedoch, dass die behandelnden Ärzte nichts davon wahrgenommen haben wollen. Es muss nicht speziell begründet werden, dass sich daran etwas ändern muss. Der Hinweis auf die Menschenwürde genügt: Der Patient ist nicht ein Objekt, er ist ein Mitmensch. Die Entmenschlichung, das zum beliebigen Objekt-Machen, Verachtung und Demütigung sind die Wege zur Gewalt [62].

Was wir als medizinische Teamarbeiter brauchen ist *„Power to"*. Die zweifellos immer vorhandene ärztliche und pflegerische Macht muss für das Patientenwohl eingesetzt werden. Diese

„Power to" kann der Vorgesetzte haben. Oft ist sie eine sehr stille Macht unterhalb der Führungsebene. Dort arbeitet jemand ohne Machtinsignien aber mit natürlicher Autorität und hoher fachlicher und sozialer Kompetenz. Er oder sie zeigt Wertschätzung und Anerkennung, kann Kollegen überzeugen und motivieren, ist hilfsbereit und entscheidet in seinem Rahmen human, d.h. für das Patientenwohl. Diese unauffällige *„Power to"* kann dem Team Richtung und Sinn geben. Ein kluger Vorgesetzter unterstützt das.

Konflikte

Es gibt eine Reihe von Konfliktfeldern, vier Beispiele seien hier besprochen.

(a) *Asymmetrische Beziehung*: Die Beziehung zwischen Arzt oder Pflegenden und dem Patienten ist immer asymmetrisch. Ärzte und Pflegende haben eine lange Ausbildung absolviert und viel Erfahrung. Außerdem ist der Patient auf uns angewiesen, oft sogar hilfsbedürftig. Unsere berufliche Macht dürfen wir schon aus ethischen Gründen nicht missbrauchen: Die Patientenautonomie steht gegen unsere Fürsorgepflicht und die Nicht-schaden-Regel. Darüber hinaus würde der Machtmissbrauch die Vertrauensbasis zum Patienten zerstören, und auch das wäre schädlich für das Patientenwohl.

(b) *Narzissmus*: Auf jeder Karriereleiter befinden sich immer auch Narzissten. Sie brauchen die Macht für sich selbst, zur Stützung ihres Selbstwerts. Oft verfügen sie über die Fähigkeit, alle Mitarbeiter für ihre egoistischen Zwecke zu instrumentalisieren. Die Kombination Macht plus Narzissmus ist extrem schädlich für den Patienten: Das Patientenwohl spielt nur noch eine Nebenrolle.

(c) *Strukturen*: Unser Gesundheitswesen übt strukturelle Macht aus. Es definiert gesund und krank, regelt den Zugang zu Diagnostik und Therapie, bestimmt über die Finanzierung der Leistungen. Dabei ist der Einfluss von Politikern, Verwaltern, Juristen, Ökonomen deutlich größer als von Pflegenden und Ärzten. So bleiben medizinisch fragliche Entscheidungen nicht aus. Die verfasste Ärzteschaft hat hier keine nennenswerte strukturelle Macht mehr, die Pflege ist weitgehend ohnmächtig. Die Umstrukturierungen des Gesundheitswesens wurden und werden vorwiegend nach ökonomischen Kriterien vorgenommen. Medizinische Leistungen sind jetzt dank des ausführlichen (und medizinisch unproduktiven) Dokumentierens leicht kontrollierbar. Ob perfekt erfasste Leistungen einem Patienten auf dem Weg zur Gesundung hilfreich sind, kann so nicht überprüft werden. Dazu hätte es medizinischer und pflegerischer Kriterien bedurft.

(d) *Kontrolle*: Macht muss kontrolliert werden und das erreicht man durch Verantwortung. Der Vorgesetzte vergibt die Verantwortung an den Handelnden, wenn er weiß, dass dieser für seine Aufgabe fachlich und sozial kompetent ist. Er räumt ihm genügend Einfluss und Freiheit ein, um selbst entscheiden und handeln zu können. Die Regeln des Handels müssen dabei allen Beteiligten bekannt sein. Der handelnde Arzt, Pflegende oder Therapeut muss sich dem Vorgesetzten gegenüber für Entscheidungen und Handlungen verantworten. Er muss genügend kompetent, frei und mächtig sein und er muss den Umsetzungswillen haben.

Das „Objekt“ der Verantwortung sind in unserem Fall die Patienten. Patienten müssen mit den Handlungen des Subjekts einverstanden sein und mitarbeiten, d.h. sie sind ebenfalls handelnde Subjekte (in der Objektposition einer Verantwortungskonstruktion). Eine solche dreipolige Verantwortung stellt sicher, dass allen Beteiligten klar ist, wer wofür zuständig ist. Dadurch bleibt die Macht des Handelnden immer in sozialer und gegebenenfalls juristischer Kontrolle.

Macht für das Patientenwohl

Bei der Arbeit am Patienten ist *„Power to“* sowohl für den Patienten als auch innerhalb des Behandlungsteams erforderlich. Man kann seinen fachlichen und persönlichen Einfluss in der Kommunikation mit dem Patienten und seinen Angehörigen dazu einsetzen, das individuelle Patientenwohl herauszuarbeiten, das umsetzbare Therapieziel zu definieren und eine Behandlung zu finden und anzuwenden, die diesem Patientenwohl am besten dient. Diese „*Power to*" wird man auch dringend benötigen, um innerhalb der Strukturen des Gesundheitswesens gegen die vielfältigen Verzögerungen, Hindernisse, Sackgassen und angeblichen Sachzwänge die Entscheidungen zu erreichen, die dem Patientenwohl dienen.

Innerhalb des Teams ist Autorität, d.h. „*Power to*" unabdingbar; sie wird regelrecht erwartet. Sie beruht auf fachlicher und sozialer Kompetenz. Sie fördert die Mitarbeiter, die ja im besten Fall Mitdenker werden sollen, was einem Vorgesetzten die Arbeit und die Verantwortung erheblich erleichtert. Das schließt offene Kritik mit ein, die ja in einer vertrauensvollen Gesprächssituation durchaus konstruktiv ist und zur fachlichen und sozialen Weiterentwicklung des Teams beiträgt.

Bedauerlich ist die geschwundene politische Macht der verfassten Ärzteschaft. Dabei geht es nicht um höhere Vergütungen oder Gehälter, sondern z.B. um Abschaffung der selbstverständlichen Überstunden, z.B. um die Balance von Arbeit und Privatleben, z.B. um Begrenzung der Dokumentationsauswüchse, z.B. um Fortbildungen innerhalb der Arbeitszeit, z.B. um Einplanung von Zeit und Örtlichkeit für Patientengespräche etc. Wenn bei Klinikneubauten Besprechungszimmer für Patienten und Angehörige schlicht vergessen werden, entlarvt dies den geringen Stellenwert des Patientenwohls für die Planer. Ärzte und Pflegende sind aber die Vertreter des Patientenwohls; sie haben sich dafür auch öffentlich einzusetzen.

Wer als Arzt, Pflegender, Therapeut oder Apotheker mit Patienten arbeitet, hat immer eine Macht im Sinn der „*Power to*". Gleichzeitig hat jeder Mensch „*Power over*". Was wir für unsere Arbeit brauchen ist die motivierende und konstruktive „*Power to*". Jeder Umschlag in „*Power over*" muss vom sozialen Umfeld hinterfragt werden. Fast nie ist sie zu legitimieren, fast nie dient sie dem Patientenwohl.

Unsere Verantwortung

Wir haben für die sozialen Pflichten untereinander nur ein allgemein gebräuchliches Wort: die Verantwortung. Wir verwenden es für diverse Situationen und meinen mit Verantwortung sehr Unterschiedliches. Es kann deshalb hilfreich sein, sich der verschiedenen Verantwortungs-Situationen zu vergewissern [97].

Tripolare Verantwortung

Ursprünglich bedeutete „sich verantworten", dem Richter Rechenschaft zu geben über Pflichten, die einem zugerechnet werden konnten. Eine Handlung hatte schon stattgefunden; sie wurde nun rückblickend beurteilt. Gemeint war damit eine dreipolige Situation: Jemand (*Instanz*) überträgt jemandem (handelndes *Subjekt*) die Verantwortung für etwas oder jemanden (*Objekt*). Dann ist das verantwortliche Subjekt dafür zuständig, mit all seinen Kräften die Aufgabe am Objekt bestmöglich zu erfüllen. Dazu braucht der Verantwortliche genügend Freiheit für seine Entscheidungen. Wenn das Handlungsziel feststeht, muss er den besten Weg dorthin finden. Die Alternativen werden nach erwünschter Wirkung ebenso wie nach befürchtetem Schaden untersucht. Falls sich die umgebende Situation ändert, werden die Handlungen nachjustiert. Dazu ist eine rationale Abwägung erforderlich, oft unter Zeitdruck. Ohne eine gewisse *Freiheit* des handelnden Subjekts ist dies unmöglich.

Der verantwortlich Handelnde braucht fachliche und soziale *Kompetenz* für die Durchführung. Wer sich fachlich der Verantwortung nicht gewachsen fühlt, kann sich die Kompetenz dazu z.B. durch Weiterbildung erwerben. Auch soziale Kompetenz kann zumindest teilweise geschult werden. Sie ist gerade im Gesundheitswesen wichtig, denn die Mitarbeiter wollen den Sinn einer Handlung verstehen und selbst wertgeschätzt werden.

Außerdem ist sowohl der *Wille* zur Umsetzung als auch ausreichend Macht zur Durchsetzung erforderlich. Wenn man nicht voll hinter dem Handlungsziel und der zielführenden Handlung steht, wenn man selbst Vorbehalte dabei hat, wirkt auch die mächtigste Durchführung lächerlich. Sowohl Patienten wie Mitarbeiter erkennen diese Diskrepanz sofort, auch non-verbal. Andererseits hilft der energische Wille wenig, wenn man von der Verantwortungsinstanz nicht genügend *Einflussmöglichkeit* erhält. Wenn diese Bedingungen (Freiheit, Kompetenz, Wille und Macht) erfüllt sind, kann man im ethischen Sinn von einer Verantwortung sprechen. Der Handelnde (das Verantwortungs-Subjekt) ist dann zurechnungsfähig, d.h. ihm kann die Handlung zugerechnet werden und er hat sie zu verantworten.

Man darf nicht vergessen, dass auch die *Instanz* Pflichten hat. Sie muss sicher wissen, ob ihr verantwortliches Subjekt genügend Kompetenz hat, ob sie ihm ausreichend Freiheit einräumt, ob sie ihm die erforderliche Macht zugesteht. Außerdem muss sie das Handlungsziel möglichst genau festlegen und sicherstellen, dass die Handlung im Rahmen der üblichen Regeln und Normen sowie der Gesetze abläuft. Die Instanz darf ihr Subjekt nicht für eigene fragwürdige Ziele instrumentalisieren.

In der Medizin sind *Patienten* selbstverständlich keine passiven „Objekte". Der Begriff wird hier nur zur Erläuterung im Rahmen der Verantwortungstheorie verwendet. Patienten müssen aktiv zu ihrer Gesundung mitwirken. Patienten müssen einverstanden sein mit den Handlungen des verantwortlichen Arztes und der Pflegenden und selbst mitarbeiten wollen. Dingliche Objekte hingegen müssen in ausreichendem Maß verfügbar sein oder beschafft werden (Allokation). Es fällt auch in die Zuständigkeit der Verantwortungs-Instanz, für das Budget zu sorgen.

Die tripolare Verantwortungs-Situation funktioniert im ethischen Sinn nur, wenn die gegenseitigen Verpflichtungen von Instanz, Subjekt und Objekt ernst genommen werden. Dann kann der Handelnde (das Verantwortungs-Subjekt) auch ein Verantwortungsbewusstsein entwickeln: Er erkennt, dass er sich auch aus eigenem Antrieb für die „gute Sache" engagieren muss. Völlig anders ist die *Situation des Befehls*: Hier gibt es keine Freiheit für eigene Entscheidungen, hier wird wortwörtlich durchgeführt, was befohlen wurde. Eine Verantwortung besteht dann nur für die fachlich korrekte Ausführung. Wer mit Ziel oder Methode nicht einverstanden ist, kann allenfalls den Befehl verweigern und muss dann die Konsequenzen daraus ertragen.

Erst in der Mitte des 20. Jahrhunderts entsteht der zweipolige Verantwortungsbegriff, der wiederum zweigeteilt ist:

(a) Eine Person sieht sich als *Instanz und als Objekt gleichzeitig*. Sie fordert das handelnde Subjekt dazu auf, Verantwortung für sich selbst zu übernehmen. Es ist die Situation, wenn der Patient zum Arzt geht und eine Behandlung fordert. Ein Patient darf selbstverständlich alles wollen, was er möchte. Ein Arzt darf aber nur behandeln, wenn er eine Indikation dafür hat. Dazu braucht er für eine Diagnostik solide Ausgangsbefunde und eine Liste von falsifizierbaren Verdachtsdiagnosen, für eine Therapie wenigstens eine sichere Diagnose und ein erreichbares Therapieziel. Über die Behandlungsoptionen kann er erst danach diskutieren. Und für die Indikation einer Therapie gibt es diverse Bedingungen. Nur dann kann er aus ethischer Sicht die Behandlung übernehmen und damit die Verantwortung. Zu bedenken ist dabei außerdem, dass wir aus juristischer Sicht in der Medizin kein Endergebnis versprechen können. Welches Produkt hätten wir denn, wenn wir nicht einmal sicher definieren können, was Gesundheit ist? Aus gutem Grund schließen wir mit dem Patienten einen Behandlungsvertrag ab, der sich auf die ordentliche Therapie bezieht und nicht auf das Erreichen eines Behandlungszieles. Hier sehen wir den ethischen Zwiespalt der sogenannten Wunschmedizin. Alles zu tun, was die Patienten wünschen, erspart einem zunächst viel Ärger, man ist beliebt. Irgendeine Indikation lässt sich immer finden und sei sie auch reichlich konstruiert. Wer hingegen darauf besteht, eine verantwortbare Indikation sei die Basis seiner Medizin, gilt als hartnäckig und stur, als nicht entgegenkommend genug.

Übrigens besteht eine *Behandlungspflicht* nur in Notfallsituationen, und zwar über die *Garantenpflicht*[9]. Mit unserer Ausbildung sind wir verpflichtet, im Notfall die medizinische Maßnahme durchzuführen, die uns unter den gegebenen Bedingungen möglich ist. Andernfalls begehen wir eine unterlassene Hilfeleistung.

[9] § 13 StGB und § 323c StGB.

Außerhalb der medizinischen Notfälle kann eine Behandlung jederzeit abgelehnt werden.

(b) Eine Person sieht *sich selbst in der Verantwortung für ein Objekt*; Instanz und Subjekt finden sich dann in der Person des Handelnden [49, 66]. Sie hat aus einem Verantwortungsgefühl heraus Verantwortungsbewusstsein entwickelt und selbst gute Gründe für die Übernahme der Verantwortung gefunden. Sie sieht ein realistisches Handlungsziel, hat den Willen es zu erreichen, hat genügend Einfluss (Macht) und die entsprechenden Mittel für die Umsetzung. In aller Freiheit nimmt sie selbst die Verantwortung für das Objekt. Der Philosoph Hans Jonas bezeichnet diese Verantwortungssituation als *„natürliche Verantwortung"*, z.B. die der Eltern gegenüber dem Kind [49]. Tatsächlich gibt es bei dieser bipolaren Verantwortungsform verborgene Instanzen, z.B. das beobachtende soziale Umfeld und die dort gültigen Regeln und Normen. Die wichtigste kontrollierende Instanz ist dabei sicherlich das persönliche Gewissen.

Pflichten gegen sich selbst (Eigenverantwortung)

Relativ neu ist der monopolare Verantwortungsbegriff: Instanz, Subjekt und Objekt sind eins, d.h. es geht um einen selbst. Einerseits ist die *Selbstzuständigkeit* gemeint, was auch Entsolidarisierung bedeuten kann: Man hat sich um sich selbst zu kümmern, Hilfe von außen ist nicht zu erwarten. Das Sprichwort sagt: Jeder ist seines Glückes Schmied. Andererseits kann die *Selbstachtung* (Identität, Integrität) gemeint sein, was in Richtung Persönlichkeitsbildung geht. Bei Immanuel Kant sind es die Pflichten gegen sich selbst [51]. Bei der Eigenverantwortung werden innere Haltungen, Überzeugungen, Einstellungen von der sozialen Umgebung beurteilt; sie wirken als verborgene Instanzen.

Kooperative Verantwortung

Neu ist der Begriff „Kooperative Verantwortung", den Nida-Rümelin so beschreibt [66]: Eine Gruppe fasst Beschlüsse und initiiert Handlungen. Wenn nicht festgelegt wird, welche Person für welche Teilhandlung zuständig ist, kommt es zur *Verantwortungsdiffusion*. Aus ethischer Sicht sind alle Beteiligten für Entscheidungen und Handlungen verantwortlich und zwar jeder Einzelne für das Ganze. Will man dieser unübersichtlichen Situation entgehen, hilft es, Zuständigkeiten für Teilbereiche festzulegen. Dann gibt es für den jeweiligen Zuständigkeitsbereich einen Verantwortlichen. In der Medizin versucht man das bei jeder wichtigen Entscheidung und Handlung, z.B. in Tumorkonferenzen.

Verantwortete Handlung

Man kann, für unsere Zwecke ausreichend, in Anlehnung an Talcott Parsons (1902–1979) und Niklas Luhmann drei Ebenen der menschlichen Aktion unterscheiden, die für Pflegende und Ärzte bedeutend sind [73 und 57].

(a) Auf der *Ebene der Wahrnehmung* senden uns die Sinnesorgane Informationen ins Gehirn, die nahezu sofort zu reflexartigen Aktionen führen. Sie sind fast immer zu unserem Schutz ausgelegt. Die Verantwortung dafür ist eher gering. Dennoch sind reflexhafte Aktionen in der Medizin zu vermeiden. Hingegen können Intuitionen durchaus hilfreich sein.

(b) Das Wahrgenommene wird sehr schnell in eine Ordnung einsortiert, die wir im Laufe unseres Lebens erlernt haben, gewissermaßen in erworbene und gepflegte Schubladen [107]. Das ist die *Ebene des Verstandes*: Wir verstehen, was die Information für uns und für andere bedeutet. Innerhalb von Sekundenbruchteilen rufen wir das entsprechende, d.h. *situationsgerechte Verhalten* ab, was weitgehend unbewusst ablaufen kann. Eine gute fachliche Ausbildung liefert diese erforderliche Ordnung. Sie hilft uns, sich ohne großes Nachdenken schnell und fachlich richtig zu verhalten. Ein gutes Beispiel ist das regelmäßig wiederholte Reanimationstraining. Die Verantwortung auf der Verstandes- und Verhaltensebene bezieht sich auf die Entwicklung und Aufrechterhaltung der Ordnung, d.h. auf Ausbildung, Weiterbildung, Fortbildung und Verhaltenstraining für medizinisch wichtige

Situationen. Sie bezieht sich selbstverständlich auch auf die korrekte Ausführung der trainierten Aktionen.

(c) Wenn die Information unserer Sinne nicht sofort einzuordnen und zu verstehen ist, müssen wir nachdenken. Wir sind auf der *Ebene der Vernunft* angelangt und hier herrscht Langsamkeit. Glücklicherweise sind wir darauf eher selten angewiesen, auch in der Medizin. Dann beraten wir uns, z.B. durch Konsile, suchen wissenschaftliche Evidenz, z.B. über eine Literatursuche, rufen gegebenenfalls auch ein Ethikkomitee. Wir wägen verschiedene Handlungsalternativen ab und kommen mit guten Gründen zu einer *rationalen (vernünftigen) Entscheidung*. Sie ist die Basis für eine rationale Handlung, und dafür sind wir vollständig persönlich verantwortlich.

Nebenwirkungen

Jede menschliche Handlung hat erwünschte und unerwünschte Effekte, auch jede medizinische Handlung. Für die direkten Auswirkungen einer medizinischen Handlung ist man immer verantwortlich. Alle Handlungen haben jedoch auch Folgen in der näheren und weiteren Zukunft. Dabei nehmen natürlich im Verlauf die Zufälle zu, die wir nicht immer kennen oder steuern können. Für Zukunftsfolgen ist man also mehr oder weniger verantwortlich, je nachdem man ein Risiko kalkulieren konnte [66]. Der Nutzen einer Handlung darf dabei immer unbegrenzt sein. Der Schaden aus einer medizinischen Handlung muss möglichst klein bleiben, auch in der Zukunft. Das Risiko eines unkalkulierbaren Schadens darf man nie eingehen. Hinzu kommt, dass erwartbare Schäden kontrollierbar bleiben müssen, z.B. durch Kontrolluntersuchungen, durch geeignete Vorsichts- oder Behandlungsmaßnahmen etc.

Verantwortung für Fehler

Zur Verantwortung in der Medizin gehört auch der Umgang mit Fehlern. Persönliche Fehler müssen persönlich verantwortet werden, falls sie wirklich zurechenbar sind. Oft sind die Fehler im System des Krankenhauses, der Pflegeeinrichtung etc. zu suchen. Wir unterscheiden kritische Ereignisse, Fehler bei der Arbeit, Beinaheschäden und tatsächlich eingetretene Patientenschäden. Nur ein offener Umgang damit wird die Patientenschäden verhindern helfen. Dazu müssen die Einrichtungen eine Fehlerkultur entwickeln, in welcher alle Mitarbeiter um die Patientensicherheit bemüht sind. Man hofft so, tatsächlichen Patientenschäden vorbeugen zu können.

Es sind sehr unterschiedliche Situationen, die wir mit dem Begriff Verantwortung bezeichnen: Eine vorgesetzte Instanz macht uns zum handelnden Subjekt für jemanden Dritten; ein Patient schwingt sich selbst zur Instanz auf; wir ergreifen aus eigenem Antrieb eine Verantwortung für jemanden; wir haben eine Verantwortung für uns selbst (besser: Pflichten gegen uns selbst). Es ist sehr hilfreich, die eigene Position und Rolle in einer Verantwortung zu erkennen. Man muss sich nämlich nicht jeden Schuh anziehen, wie der Volksmund sagt.

Die im Gesundheitswesen übliche dreipolige Verantwortung (Instanz, Subjekt, Objekt) erfordert für das handelnde Subjekt fachliche und soziale Kompetenz, ein gewisses Maß an Macht und Einfluss, den Umsetzungswillen und die Freiheit der Entscheidung. Das unterscheidet Verantwortung von Auftrag und Befehl.

Verletzbarkeit

Alle Menschen sind mehr oder weniger emotional verletzbar. Man spricht in unserem Zusammenhang von *Vulnerabilität*, wenn Stressfaktoren auf jemanden einwirken und dieser Mensch sie nicht adäquat bewältigen kann, so dass er darunter leidet. Dafür gibt es neben psychischen auch soziale, ökonomische und strukturelle Gründe. Die Fähigkeit, den Stress nicht an sich heranzulassen oder mit einer Krise fertig zu werden, nennt man *Resilienz*. Die Fähigkeit zur Bewältigung psychischer Verletzungen nennt man *Coping*. Vulnerabilität, Resilienz und Coping sind bei Menschen sehr unterschiedlich ausgeprägt und auch nicht zu jeder Zeit konstant. Eine besonders vulnerable Phase im Leben ist z.B. die Pubertät, der Verlust des Lebenspartners, die sogenannte Mildlife Crisis, die Erfahrung einer unheilbaren, tödlichen Krankheit.

Verletzbarkeit des Patienten

Eine akute Aufnahme ins Krankenhaus oder die Erkenntnis, dass eine Krankheit nicht heilbar ist, dass das eigene Leben begrenzt ist, wirft viele Patienten aus ihrer Ordnung und Sicherheit. Damit haben sie nicht gerechnet, es war nicht planbar. Sie fühlen sich Zufällen oder einem Schicksal ausgesetzt und suchen verzweifelt Halt. Dazu kommen Fragen nach dem Sinn dieser Erkrankung für das eigene Leben: Bin ich selbst schuld, sind es meine Gene, ist es mein Lebensstil? Hat mir das jemand angehext? Wie kann Gott das zulassen? Was will mir mein Körper, die Natur damit sagen?

In dieser emotionalen Ausnahmesituation ist man einer rationalen Argumentation oft unzugänglich und Aufklärungsgespräche laufen ins Leere. Diese Patienten sind eigentlich nicht entscheidungs- und zustimmungsfähig, weil sie zwischen medizinischen Alternativen nicht vernünftig abwägen können. Der *Informed Consent* mag zwar rechtlich gültig sein, medizinethisch ist er eher fragwürdig, denn diese Patienten sind mit ihrer Situation völlig überfordert.

In einer Situation der Haltlosigkeit und Verzweiflung greifen *vulnerable Patienten* nach jedem therapeutischen Strohhalm, den sie angeboten bekommen oder von dem sie in den Medien gehört haben. Und genau jetzt sind sie zu jeder verheißungsvollen Maßnahme zu überreden. Der gute Arzt erkennt diese Vulnerabilität und nimmt seine eigene Verantwortung für das Patientenwohl wahr: Er wird sich an die ethischen Grundsätze halten. Er wird Vertrauen aufbauen, dem Patienten Zeit geben und ihn durch die schwierige Lebensphase begleiten. Eine Behandlung mit fragwürdigem Nutzen-Schaden-Verhältnis wird er ablehnen. Nun gibt es immer Ärzte, die vulnerable Patienten zu ökonomisch attraktiven Behandlungen überreden, Wunschmedizin betreiben oder sich fragwürdiger Methoden bedienen. Wer den Eid des Hippokrates aufmerksam liest, wird zugeben müssen, dass es solche Kollegen schon immer gegeben hat. In diesen vulnerablen Lebensphasen schlägt übrigens auch die Stunde der esoterischen Heiler.

Unsere Verletzbarkeit

Wie alle Menschen sind auch wir Ärzte, Pfleger, Therapeuten oder Apotheker psychisch verletzbar. Davor können wir uns teilweise mit professioneller Distanz schützen. Allerdings besteht eine Balance zwischen Nähe und Distanz ebenso wie zwischen Verletzbarkeit und Resilienz. Ganz ohne Empathie kann patientennahe Medizin nicht funktionieren, ganz ohne Distanz ist man zu verletzbar. Wir brauchen eine vertrauensvolle Beziehung zum Patienten. Menschliche Beziehungen sind ohne Empathie und Vertrauensvorschuss nicht denkbar. Wir gehen also immer das Risiko ein, vom Patienten enttäuscht oder emotional verletzt zu werden, wenn wir ihm mit Offenheit entgegentreten. Wer lässt sich jedoch gerne verletzen?

Der Naturwissenschaftler, Dichter und Philosoph David Whyte (geb. 1955) sagt dazu [113]:

> „Vulnerabilität ist keine Schwäche, keine vorübergehende Anfälligkeit, ohne die wir auch zurechtkämen. Wir haben keine Wahl. Verletzbarkeit ist die grundlegende, immer vorhandene und unabdingbare Grundlage unseres natürlichen Daseins. Vor der Verletzbarkeit wegzulaufen wäre ein Weglaufen vor der Essenz unserer Natur. Zu

> versuchen unverletzlich zu werden, ist der nutzlose Versuch jemand zu werden, der wir nicht sind und vor allem jemand, der sich vor dem Verständnis des Kummers Anderer verschließt. Noch ernster: Wenn wir unsere Vulnerablität ablehnen, weigern wir uns jene Hilfe zu geben, die an den Wendepunkten unserer Existenz gebraucht wird. Wir lähmen die wesentlichen ... Fundamente unserer Identität."

Die psychische Verletzbarkeit gehört zum Menschen. Wenn wir offen sein wollen für das Leid und die Sorgen der Patienten, bleibt das Risiko der Vulnerabilität. Wir können dem nicht ausweichen, wir müssen damit umgehen lernen. Unser Ziel sollte eine *robuste Verletzbarkeit* werden, wie der Philosoph Michael Bordt (geb. 1960) meint [15]. Es geht nicht um die Unerschütterlichkeit (ataraxia) der römischen Stoiker, die Emotion ablehnen, weil sie die Vernunft behindere. Nach Michael Bordt geht es ganz im Gegenteil darum, die Verletzung ebenso wahrzunehmen wie die damit verbundenen negativen Gefühle. Wir sollten uns vielmehr fragen, warum uns etwas so verletzt. Das muss Gründe in unserem Leben, in unserer Geschichte haben; es sind unsere psychischen Narben, die berührt wurden und die nun schmerzen. Wenn wir uns damit auseinandersetzen, nimmt unsere Resilienz zu. Bordt schreibt:

> „Verletzbar zu bleiben, das bedeutet die Bereitschaft aufrechtzuerhalten, den Schmerz, den die Verletzung in uns auslöst, immer wieder zu akzeptieren. Diese innere Bereitschaft macht uns aber immer weniger verletzlich. Aus der prinzipiellen Offenheit meinem Inneren gegenüber, aus meiner Verletzbarkeit also, erwächst die Kraft, mich auch im äußeren Leben Konflikten zu stellen."

Mit der eigenen Verletzbarkeit konstruktiv umzugehen und so etwas wie eine robuste Verletzbarkeit zu entwickeln, bleibt wohl eine lebenslange Aufgabe. Viele Ärzte, Pfleger und Therapeuten können das schon aufgrund ihrer natürlichen Veranlagung. Während der Ausbildung und in den ersten Berufsjahren zeigt sich, wer mit seiner Vulnerabilität in welchem Umfeld gut umgehen kann. Man sucht sich dann mehr oder weniger bewusst ein Arbeitsfeld aus, das der individuellen Fähigkeit zu Coping und Resilienz entspricht. Schwierig wird es, wenn man unter den emotionalen Verletzungen leidet. Dann sollte man professionelle Hilfe suchen oder den Arbeitsplatz lieber wechseln.

Fehler und Patientensicherheit

Im Jahr 2000 erschien in den USA ein aufsehenerregendes Buch, in dem typische Fehler im Krankenhaus und Gesundheitswesen beschrieben, sowie Hinweise zur Abhilfe gegeben wurden [53]. Damit begann auch in Deutschland eine Diskussion um die Patientensicherheit. Alle Menschen machen Fehler, das gilt auch für die Arbeit im Krankenhaus. Ein fehlerloses Krankenhaus ist eine Utopie, man kann Fehler und deren Folgen nur minimieren.

Inzwischen weiß man, dass die Individualisierung von Fehlern, d.h. die *persönliche Schuldzuweisung*, die Fehlerhäufigkeit einer Klinik insgesamt nicht senkt. Es gibt diese persönlichen Fehler, aber sie geschehen in einem fehlerverstärkenden Umfeld, dem Krankenhaus. Man muss diese *Systemfehler* erkennen und eliminieren, bevor ein Patient zu Schaden kommt. Krankenhausbereiche mit „Sicherheitskultur“ (s.u.) haben hingegen die niedrigste Fehlerquote: Sicherheitskultur erhöht offensichtlich die Patientensicherheit [55].

Verschiedene Arten von Fehlern

Man kann wie in der Luftfahrt drei Fehlergruppen unterscheiden, die zwar keinen direkten Patientenschaden hervorrufen, die aber bei ungünstigen Situationen durchaus gefährlich werden:

(a) Ein Kritisches Ereignis bei der Arbeit (in der Luftfahrt: Critical Incident) hätte zu einem unerwünschten Ereignis führen können. Klinikinterne Routinen haben das verhindert, z.B. ein kontrollierender Kollege.

(b) Ein Fehler bei der Arbeit (in der Luftfahrt: Error) kann eine Abweichung vom Plan, ein falscher Plan oder kein vorliegender Plan sein. Es wird z.B. ein Instrument verwendet, das nicht für die spezielle Aufgabe geeignet ist.

(c) *Beinaheschäden* am Patienten (in der Luftfahrt: *Near Miss*) sind Fehler, die zu einem Schaden hätten führen können, wenn nicht glückliche Umstände das gerade noch verhindert hätten.

Wenn dann tatsächlich ein Schaden am Patienten auftritt, ist dies ein *Behandlungsfehler* und somit ein Straftatbestand.

Fehlerfördernde Faktoren

Wir kennen drei Bedingungen, die das Risiko für kritische Ereignisse, Fehler, Beinaheschäden und Schäden im Krankenhaus steigern· *Individuelle Fehler-Dispositionen* sind Behinderungen, langsames psychisches und körperliches Tempo, fehlende Langzeitausdauer, geringe emotionale und körperliche Belastbarkeit, reduzierte Stressbarkeit, hohe Störempfindlichkeit und Ablenkbarkeit, geringe Umschaltfähigkeit, langsames Reaktionstempo, hohe Risikobereitschaft, geringe Fähigkeit ein Risiko abzuschätzen, schlechte Motivierbarkeit und Lernbereitschaft, mangelhafter Umgang mit Kritik.

Es ist die Aufgabe der Leitungsebene, die individuellen Fehlerdispositionen der Mitarbeiter zu erkennen (Personalführung). Es gibt gewisse Pflichten, die von allen geleistet werden müssen und können. Das erreichen wir durch Training, Schulung, begleitendes Teaching etc. Aber jeder Mitarbeiter hat seine Schwächen und Stärken und deshalb ist nicht jeder für alle Einsätze geeignet. Überforderung ist zu erkennen und zu benennen, z.B. im Mitarbeitergespräch. Man sollte selbstverständlich die Mitarbeiter dort einsetzen, wo sie ihre Stärken haben.

Technische Fehler-Dispositionen sind z.B. ungeeignetes, defektes, unsicheres Gerät, ungenügende Wartung, problematische Mensch-Maschine-Schnittstellen, fehlende Einarbeitung oder Schulung, falsche Anwendung. Technik muss perfekt funktionieren, auch die Schnittstelle Mensch-Maschine. Es muss Regeln für den Versagensfall geben: Wer ist zuständig und muss nun informiert werden? Wie kann z.B. der Eingriff ohne Patientengefährdung sicher zu Ende gebracht werden?

Das komplexe System Krankenhaus disponiert zu Fehlern, weil Abläufe verknüpft und gekoppelt sind, Arbeitsschritte eng getaktet werden, weil sich Krankheiten und deren Befunde mit dem Zeitverlauf dynamisch ändern, weil Zuständigkeiten undurchsichtig oder parallel angelegt sind und so die Verantwortungsbereiche verschwommen bleiben, weil die Kommunikation unter Zeitdruck nicht funktioniert, weil die Arbeit insgesamt verdichtet wird und Pausen für Gespräche fehlen, weil Mitarbeiter mental, emotional, körperlich oder auch fachlich überfordert sind, weil die Einarbeitung in neue Funktionsbereiche zu oberflächlich war. Gefordert sind klare Abläufe, definierte Zuständigkeiten und Verantwortungsbereiche (Transparenz), sichere Einarbeitung und eine offene Kommunikation.

Der Mitarbeiter macht seine individuellen Fehler in seinem komplexen Arbeitsumfeld. Diese Fehler sind meist für den Patienten harmlos, d.h. schnell beherrschbar ohne schädliche Folgen. Man schätzt, dass in einem *High Risk Environment*, wie es Krankenhäuser sind, auf 300 kleine, beherrschbare Fehler etwa 29 Fehler mit erkennbarem Schaden kommen und ein Fehler mit katastrophalen Folgen: „Heinrichs Eisberg" [55].

Bei dem üblichen *Fehler- oder Beschwerdemanagement* kümmert man sich um die leider schon stattgefundenen schweren und folgenreichen Fehler und versucht die Folgen für Patient, Mitarbeiter und Krankenhaus zu begrenzen. Beim *Risikomanagement* (oder besser *Sicherheitsmanagement*) kümmert man sich um die vielen kleinen Fehler im Vorfeld und versucht fehlerverhindernde und fehlerfolgendämpfende Sicherheitsstrukturen aufzubauen.

Heinrichs Eisberg

Wer einen schwereren Fehler am Patienten („*first victim*") gemacht hat und dadurch massiv betroffen ist oder an sich selbst zweifelt („*second victim*"), wird selbstunsicher, unproduktiv und hat in der Folge eine höhere Fehlerquote. Sein individuelles Risiko für Behandlungsfehler wird dadurch vervielfacht. Es muss für diese Kollegen eine Beratung, auch eine Supervision geben, natürlich auch fachliche Schulung.

Fehlermeldung und -Aufarbeitung

Ein erster Schritt ist es, die kritischen Ereignisse, Irrtümer und Beinaheschäden möglichst komplett zu erfassen. Ein solches Meldesystem sollte einfach und niedrigschwellig organisiert sein. Man kann es z.B. auf allen Dienstcomputern installieren. Ein typisches *Critical Incident Reporting System* (CIRS) muss anonyme Meldungen annehmen können, die keinen Rückschluss auf die Identität des Meldenden erlauben, es sei denn, dieser wünscht ausdrücklich eine Rückmeldung. Wer dem CIRS mit Angabe persönlicher Daten Ereignisse meldet, weil er z.B. über weitere Maßnahmen informiert bleiben möchte, darf daraus keine persönlichen oder zivilrechtlichen Nachteile erleiden.

Ist hingegen ein erkennbarer Schaden am Patienten aufgetreten, besteht ein *Behandlungsfehler* und damit ein juristisch relevanter Straftatbestand. Dies ist dem Patienten sofort anzuzeigen, wenn eine Gefahr für Leib und Leben besteht. Andernfalls erfährt er es auf Nachfrage. Die Klinikverwaltung (Rechtsabteilung) muss informiert werden, denn es sind gegebenenfalls strafrechtliche Verfahren zu erwarten und darauf sollte man vorbereitet sein. Ein Behandlungsfehler ist sorgfältig zu dokumentieren, alle Beteiligten sollen ihre Sicht der Dinge auf einer Zeitachse schriftlich festhalten.

Sicherheitskultur

Das CIRS ist nur ein Informationswerkzeug. Das Krankenhaus aber muss aus den gemeldeten Fehlern lernen, auch wenn sie banal erscheinen, um eine Sicherheitskultur zu entwickeln. Alle CIRS-Meldungen werden von den benannten Zuständigen zunächst gesichtet und gewichtet. Diese Arbeit können nur sehr erfahrene Mitarbeiter übernehmen. Viele Meldungen kann man direkt an die Spezialisten im technischen Betrieb oder in der Medizintechnik weiterreichen, wo diese Fehler zeitnah behoben werden. Wenn aber z.B. die Verzahnung von Abläufen zwischen den Abteilungen Fehler verursachen, müssen Konferenzen einberufen werden, wo man zusammen nach Lösungen sucht. Dort sind Fehlerkorrekturen zu entwickeln und mit Hilfe der Leitung durchzusetzen.

Dazu braucht man Entscheidungsgremien aus den erfahrensten Mitarbeitern der Arbeitsebenen. Deren Zeitkontingent ist immer besonders knapp. Eine entsprechende Personalausstattung ist deshalb unvermeidlich. Die verbesserte Patientensicherheit wird es nicht kostenfrei geben.

Begleitende Maßnahmen, wie retrospektive Fallbesprechungen in Morbiditäts- und Mortalitätskonferenzen (M&M-Konferenzen) können in diesem Zusammenhang sehr sinnvoll sein. Voraussetzung ist dabei, dass Fehler von der persönlichen Schuldfrage entkoppelt werden, d.h. dass die Konferenzen keinen bestrafenden Charakter annehmen dürfen. Nur dann wird der Blick auf das *High Risk Environment* frei, in welchem die fehlerverhindernden und fehlerdämpfenden Veränderungen erreicht werden müssen.

Es hat sich gezeigt, dass die Patientenschäden zunehmen, wenn (auch kleine) Fehler im Klinikalltag unter den Teppich gekehrt werden. Krankenhäuser sind derzeit fehlerverstärkende Einrichtungen. Das Ziel muss ein fehlerdämpfendes Krankenhaus werden. Die Erfassung z.B. durch ein CIRS bietet die Möglichkeit, ein selbstlernendes Sicherheitsmanagement aufzubauen. Primäres Ziel bleibt die Sicherheit des Patienten (*safety first*), nicht der Schutz der Institution Krankenhaus.

Für viele Medizinstudenten ist es eine überraschende und erschreckende Erfahrung der klinischen Praktika, wenn sie chronisch Kranke sehen, also nicht-heilbare Menschen. Während der Theorievermittlung wurden ihnen die Krankheiten im allgemeinen als heilbar dargestellt. Tatsächlich können wir heute viele akute Erkrankungen unter Mitwirkung des Patienten heilen; die Medizin hat hier spektakuläre Fortschritte gemacht. Leider waren wir bei den chronischen Erkrankungen nicht so erfolgreich, z.B. in den Fächern Dermatologie, Orthopädie, Neurologie, Innere Medizin. Dort begleiten wir chronisch Kranke oft jahrelang durch ihr Leiden und lindern nur die Symptome, weil kausale Therapien immer noch fehlen.

Die Behandlung chronisch Kranker ist sowohl medizinisch-fachlich als auch ethisch anspruchsvoll, weil nicht sofort erkennbar ist, worin das Patientenwohl besteht. Dieses kann sich auch während der langen Erkrankungsdauer ändern. Eine gute und vertrauensvolle Kommunikation ist die Basis jeder Beziehung, in dieser Situation aber besonders. Chronisch Kranke bekommen von allen Seiten „hilfreiche" Informationen, von Leuten, die es gut mit ihnen meinen und aus dem Internet. Wir haben immer abzuwägen, wo der Nutzen und der Schaden der Behandlung liegen wird und ob Behandlungsschäden tatsächlich kontrollierbar bleiben. Man kann hier die Bedeutung der richtigen und guten Indikation gar nicht genug würdigen.

Sterben

Alles Leben ist endlich, das können wir nicht ändern. *Anti-Ageing* wird vielleicht den sichtbaren Alterungsprozess aufhalten, das Sterben jedoch nicht verhindern können. Das Thema Tod beschäftigt die Menschen wahrscheinlich schon immer. Von Epikur (341–270 v.Chr.) stammt folgende Bemerkung über den Tod [26]:

> „Der Tod betrifft uns nicht. Denn der aufgelöste Körper ist ohne Empfindung und das Empfindungslose betrifft uns nicht."

Vom Tod werden wir wohl nicht viel spüren, leider muss man vorher sterben; das ignorierte Epikur. Wer viele Sterbende begleitet hat weiß, dass diese letzte Phase des Lebens auch schwer und grausam sein kann. Vor diesem Sterben haben wir alle mehr oder weniger Angst. Diese Angst haben oft schon Patienten mit chronischen, d.h. unheilbaren Leiden, obwohl das Sterben Jahrzehnte entfernt liegen kann.

Die Kunst des Sterbens

Im späten Mittelalter entstand die *Ars moriendi*, die Kunst des Sterbens. Gefürchtet war einerseits das vorzeitige, unvorbereitete Sterben. Man sollte sich zu Lebzeiten schon gut vorbereiten und den weltlichen Dingen weitgehend entsagen. Andererseits sollte der Sterbevorgang ohne große körperliche und psychische Qualen zum Tod führen. Es war auch Aufgabe der Ärzte für einen guten Tod zu sorgen: *Euthanasie* beschreibt diesen leichten Tod. Wir würden heute vielleicht von einer frühen Form palliativer Behandlung sprechen [69]. Aktive Sterbehilfe war nicht erlaubt, kam aber sicherlich vor, sonst hätte man sich nicht schon im Hippokratischen Eid so energisch dagegen stellen müssen.

Euthanasie

Der Begriff Euthanasie wurde durch Sozialdarwinisten des späten 19. Jahrhunderts umgedeutet für die Auslese einer Herrenrasse durch das Vernachlässigen und Sterbenlassen, später die gezielte Tötung körperlich, psychisch und sozial Schwächerer. Obwohl es die Idee der Menschenwürde für alle schon längst gab, wurde die Würde nun für eine „reine“ Rasse reserviert, was ja impliziert, dass deren Gene nicht „verschmutzt“ werden durften.

Die nationalsozialistischen Rassenhygieniker des 20. Jahrhunderts missbrauchten den Begriff „Euthanasie“ für die Vernichtung des sogenannten „lebensunwerten Lebens“. An die Stelle des individuellen Patientenwohls wurde das Volkswohl gesetzt; dies wurde primäre ärztliche Aufgabe [13]. Unter anderem gehörte zum Volkswohl die Reinhaltung der arischen Rasse und die Ausmerzung lebensunwerten Lebens (neben z.B. der Steigerung der weiblichen Fruchtbarkeit und der Arbeits- und Wehrdienstfähigkeit der Männer).

Die Verdrehung der Werte ging so weit, die Tötungen emotional positiv darzustellen: Tausende körperlich und psychisch Kranker wurden im Rahmen der „Mitleidstötungen“ umgebracht [63]. Im Deutschen ist seither der Begriff „Euthanasie“ so belastet, dass wir ihn heute nicht mehr unbefangen gebrauchen können. Wir verwenden stattdessen den Begriff Sterbehilfe.

Man kann jede nicht-kurative medizinische Maßnahme als eine palliativmedizinische verstehen. Wir sollten bei chronischen Leiden früh genug damit beginnen, auch um dem Patienten zu zeigen, dass diese symptomorientierten Therapieformen wirksam sind. Psychische und spirituelle Begleitung gehören mit zur Behandlung, nahe Angehörige sind mit einzubeziehen. Die Hausärzte sind zu unterstützen, z.B. durch einen ambulanten Palliativdienst. Wenn dies glückt ist der Übergang in die Sterbephase kein Bruch, sondern ein fließender Übergang, eine Art moderner *Ars moriendi*. Dann können wir für unseren Patienten einen „guten“ Tod erhoffen und ihn auf dem Weg dorthin begleiten.

Sterben auf Intensivstation[10]

Auf Intensivstationen [ICU] versucht man mehr oder weniger erfolgreich, eine lebensgefährliche Situation zu stabilisieren und zu überwinden. Oft sind es schon beginnende Sterbeprozesse, die man wenden will. Prinzipiell ist der Zugang zu den lebensrettenden Maßnahmen der ICU nicht zu verweigern, es sei denn, der Patient hätte dies mündlich oder schriftlich kategorisch ausgeschlossen. Die Entscheidung, ob eine Indikation zur intensivmedizinischen Behandlung besteht, wird vom verantwortlichen Facharzt in Absprache mit seinem Oberarzt oder Chefarzt getroffen.

Patientenwille

Bei fehlender Einwilligungsfähigkeit und hoher Dringlichkeit oder Nichterreichbarkeit des Patientenvertreters muss der verantwortliche Arzt entsprechend der Indikation „im besten Interesse des Patienten“ handeln. Er wird sich in der Akutsituation wohl für intensivmedizinische Maßnahmen entscheiden. Gibt es keinen Patientenvertreter, ist beim Betreuungsgericht umgehend eine Bestellung anzuregen und zur Absicherung eine Genehmigung für die schon ergriffene Maßnahme zu beantragen. Auf ausreichende Dokumentation dieser Entscheidung ist zu achten.

Wenn keine Indikation zur intensivmedizinischen Behandlung vorliegt, darf diese Behandlung nicht durchgeführt werden. Die Entscheidung, intensivmedizinische Behandlung vorzuenthalten, ist inhaltlich-fachlich zu begründen und schriftlich zu dokumentieren. Das Behandlungsteam soll in die Diskussion eingeschlossen werden. Die Verantwortung bleibt beim verantwortlichen Facharzt.

[10] Dieser Text beruht auf einer medizinethischen Leitlinie des Klinischen Ethikkomitees am Universitätsklinikum Würzburg, an welcher der Autor leitend beteiligt war und die für unsere Zwecke hier überarbeitet wurde.

Der Patientenwille muss bei allen medizinischen Entscheidungen berücksichtigt werden, auch auf der Intensivstation. Der Wille kann mündlich oder schriftlich dargelegt worden sein. Gegebenenfalls muss der mutmaßliche Wille im Gespräch mit dem Patientenvertreter und den Angehörigen eruiert werden. Nur wenn auch dies nicht durchführbar ist, kann der Arzt im „besten Interesse des Patienten“ handeln; dabei wird meist ein Überlebenswille unterstellt.

Viele Patientenverfügungen sind so allgemein verfasst, dass sie auf konkrete intensivmedizinische Situationen nicht anwendbar sind. Man kann allerdings meist den mutmaßlichen Willen des nicht mehr einwilligungsfähigen Patienten erkennen. Dazu ist im Bürgerlichen Gesetzbuch ausdrücklich geregelt [16], dass eine Besprechung mit dem Patientenvertreter stattfinden muss. Die Angehörigen sind mit einzubeziehen. Diese Besprechung soll den mutmaßlichen Willen des Patienten in der konkreten Situation eruieren, das Ergebnis ist in der Krankenakte zu dokumentieren. Bei Konflikten ist das Betreuungsgericht anzurufen.

Therapiezieländerung

Auf dem ursprünglichen Therapieziel beruhte die medizinische Indikation, der ein Patient oder sein Stellvertreter zugestimmt hatte. Wenn dieses vereinbarte Therapieziel nicht mehr zu erreichen ist, jedoch weiter Behandlungsbedürftigkeit besteht, geht die ursprüngliche Indikation fehl. Es muss ein neues Therapieziel definiert werden, auf dem eine neue medizinische Indikation beruhen kann. Dies kann sowohl eine Intensivierung der Behandlung als auch eine Umstellung auf palliative Maßnahmen bedeuten.

Weiterbehandlung ohne Therapieziel und damit ohne Indikation kann juristisch als Körperverletzung gesehen werden. Einer neuen Indikation muss der Patient oder sein Stellvertreter erneut zustimmen. Für Therapiezieländerungen ist der verantwortliche Facharzt zuständig. Er muss sie transparent dokumentieren, im Team diskutieren und für die Umsetzung sorgen. Ausreichend Zeit für aufklärende Angehörigengespräche muss eingeplant werden.

Therapieziele und deren Änderung sind auf Intensivstationen wenigstens einmal täglich bei den Visiten zu reevaluieren. Sie sind schriftlich so zu dokumentieren, dass sie immer allen Behandelnden einfach und offensichtlich zugänglich sind. Die Besprechung von Therapiezielen ist fester Bestandteil der Schichtübergaben im ärztlichen und pflegerischen Dienst.

Bei Patienten, deren Heilungsziel wegen der fortgeschrittenen Erkrankung nicht mehr erreichbar ist oder die nur noch unter maximaler intensivmedizinischer Behandlung dauerhaft überlebensfähig sind, sollten zwei in der Sache fachkundige Ärzte übereinstimmend die infauste Prognose stellen. Vorzugsweise ist der verantwortliche Facharzt einzuschalten. In diesen Fällen darf eine Therapiezieländerung stattfinden und anschließend palliativ weiter behandelt werden.

Sterben auf der Intensivstation

Der Beginn der Sterbephase wird durch Patientenbeobachtung und Befundbeurteilung im erfahrenen Team wahrgenommen. Danach sind lebensverlängernde, d.h. eigentlich sterbensverlängernde Maßnahmen unethisch, man darf einen Sterbeprozess nicht weiter aufhalten. Alle palliativen Maßnahmen zur Symptomlinderung sind indiziert. Wie die Reduktion der lebenserhaltenden Maßnahmen bis zu deren Absetzen konkret durchgeführt und kommuniziert wird, kann auf den Intensivstationen unterschiedlich gestaltet werden. Es ist daran zu denken, dass auch die Pflegenden einen menschenwürdigen Abschied von ihrem Patienten brauchen.

Nach Feststellung eines Hirntodes wird aktiv das Gespräch mit dem Patientenvertreter und den Angehörigen gesucht. Die Frage nach Organspende ist bei potentiellen Spendern gesetzlich vorgeschrieben, zuständig ist der verantwortliche Facharzt [103]. Falls eine Zustimmung zur Organspende erreicht wird, werden die speziellen medizinischen und pflegerischen Maßnahmen zur Organerhaltung ergriffen.

Kommunikation

In den Behandlungsteams entstehen die meisten Missverständnisse und Konflikte durch unzureichende Kommunikation. Zur Verbesserung müssen alle Hierarchieebenen aller beteiligten Berufe beitragen. Informationen über den Patienten müssen schriftlich *und* mündlich weitergegeben werden, z.B. bei Visiten,

Übergaben und Stationsbesprechungen. Regeln für bestimmte Behandlungssituationen und –formen müssen allen zugänglich sein. Deren korrekte Umsetzung muss vom verantwortlichen Facharzt kontrolliert werden. Die Zuständigkeiten für medizinische Entscheidungen müssen allen bekannt sein, Entscheidungsabläufe sind einzuhalten: Sie reduzieren die Fehlerhäufigkeit.

Therapieziele und Behandlungsmethoden sind im Team zu besprechen. Fragen oder Zweifel sind offen vorzutragen und gemeinsam zu diskutieren. Dann werden sie gemeinsam umgesetzt. Dazu muss sich eine Gesprächskultur im Team entwickeln; dafür muss Zeit und Raum verfügbar sein.

Solange der Patient sich gegebenenfalls auch non-verbal verständlich machen kann und er entscheidungsfähig ist, muss selbstverständlich auch sein „natürlicher“ Wille berücksichtigt werden. Seine Wünsche zur Gestaltung des Lebensendes haben oberste Priorität. Dabei sind die Berufsordnung für Ärzte sowie die allgemeinen Gesetze einzuhalten.

Für Angehörige ist die Kommunikation mit Pflegenden und Ärzten die wichtigste Informationsquelle über den Zustand ihres Kranken. Man soll möglichst früh, offen und wahrhaftig über die Diagnose, das Therapieziel, die Therapie und gegebenenfalls auch über Therapiezieländerungen mit ihnen sprechen. Dabei muss das Behandlungsteam eine einheitliche Meinung vertreten, d.h. „mit einer Zunge“ reden. Diese ist bei Teambesprechungen abzustimmen. Das tägliche Gespräch mit den Angehörigen ist die entscheidende vertrauensbildende Maßnahme. Viele Missverständnisse beruhen auf divergenten Auskünften: Dann wird vermutet, wir hätten etwas zu verheimlichen.

Palliativmedizin auf einer Intensivstation?

Jeder Mensch wünscht sich einen würdevollen Tod. Im Vordergrund steht deshalb die symptomorientierte Linderung von Schmerz, Atemnot, Übelkeit und Angst. Palliativmedizin ist selbstverständlich eine wichtige ärztliche wie pflegerische Aufgabe. Diese Kenntnisse und Erfahrungen sind auf den meisten Intensivstationen vorhanden; man kann sich pflegerisch-fachliche Hilfe beim Palliativteam holen. Immer kann ein ärztliches Palliativkonsil angefordert werden. Die Patienten soll man räumlich und bei Bedarf auch medikamentös abschirmen. Sterbende sollen nicht mehr verlegt werden: Eine aus medizinethischer Sicht gute Intensivstation trägt Sterbende mit.

Sorge um Angehörige

Viele Angehörige sind erstmals in ihrem Leben mit Leid und Sterben oder mit Apparatemedizin konfrontiert. Sie sind verunsichert und haben Angst. Wir können professionell darauf reagieren: Die Angehörigen müssen empathisch begleitet werden. Das Gespräch mit ihnen ist aktiv zu suchen. Begleitung durch die Klinikseelsorge soll angeboten werden. Besuchszeiten sind möglichst flexibel zu handhaben. Wenn möglich werden separate Räume gesucht oder geschaffen, um Zeit und Ruhe für den Abschied zu geben. Mit den Angehörigen ist abzusprechen, ob sie beim Einschränken und Beenden der lebenserhaltenden Maßnahmen anwesend sein wollen. Wie konkret dabei verfahren wird, bleibt den Stationen überlassen. Falls gewünscht, sind Nachbesprechungen durch den verantwortlichen Arzt anzubieten. Angehörige haben meist viel Verständnis für die nicht immer optimalen Rahmenbedingungen auf Station, wenn sie unsere Bereitschaft zur entgegenkommenden Hilfe erkennen können.

Bedürfnisse der Mitarbeiter

Der tägliche Umgang mit Schwerstkranken und Sterbenden ist eine körperliche und seelische Belastung für alle Mitarbeiter. Ein respektvoller Umgang unter allen Mitarbeitern, der Wertschätzung zum Ausdruck bringt, erleichtert vieles. Dies wird durch den Aufbau einer Gesprächskultur im Team erleichtert. Ein kommunikatives Team mit guten fachlichen Kenntnissen und vertrauensvollem Umgang, in dem sich jeder auf jeden verlassen kann, ist die Basis für eine gute Behandlung schwerstkranker Menschen.

Intensivstationen sind ja gekennzeichnet durch eine enge Zusammenarbeit von Ärzten, Pflegenden und Therapeuten. Über die Patienten wird dort viel gesprochen, in medizinische Entscheidungen gehen immer viele Meinungen und Warnungen mit ein. Wenn das ursprüngliche Therapieziel leider nicht mehr erreicht werden kann, ist das für alle zunächst eine Enttäuschung. Man hat viel Verstand und Vernunft und wenigstens ebenso viele fachliche Kenntnisse, Fähigkeiten und Erfahrung investiert.

Leider kann nicht immer der Sterbeprozess abgewendet werden. Die Situation ist dann häufig emotional hoch aufgeladen. Jetzt nach Anhörung aller Meinungen zeitgerecht und vernünftig zu entscheiden, ist nicht leicht. Als verantwortlicher Facharzt fühlt man die Verantwortung nahezu körperlich. Außerdem muss er das Team mitnehmen, d.h. alle überzeugen.

Wenn man das Therapieziel geändert und entsprechend dokumentiert hat, steht immer noch das vielfältige Instrumentarium der Palliativmedizin zur symptomatischen Therapie zur Verfügung. Das bedeutet das Vordringen der Palliativmedizin in die Intensivstation. Viele Intensivpfleger kennen die Methoden der Palliativpflege nur ansatzweise, manche haben eine ganz andere Vorstellung von ihrer Arbeit auf einer Intensivstation. Dieser Prozess der zunehmenden palliativen Versorgung ist wohl unaufhaltsam, hier muss mit fachlicher und mentaler Fortbildung geholfen werden.

Hirntod und Organspende

Wann ist jemand tot? Die klassischen „sicheren" Todeszeichen sind Leichenstarre, Totenflecke, Verwesung (oder mit dem Leben nicht vereinbare Verletzungen). Sie treten nach einigen Stunden auf. Der ursprüngliche Zweck dieser sogenannten sicheren Todeszeichen war die Verhinderung des Scheintodes.

Todeskriterien

Die *Harvard Medical School* legte 1968 ein neues Todeskriterium fest, den *Hirntod* [39]. Das Hauptziel war, eine nutzlose Weiterbehandlung auf den Intensivstationen zu beenden, das Nebenziel, Organe für Transplantationen zu gewinnen. Ein *President's Council on Bioethics* bestätigte 2008 in den USA das Hirntodkriterium: Wenn ein Mensch keine Reize und Signale aus der Umwelt mehr empfangen und darauf nicht mehr gezielt einwirken könne, wenn er keine Zeichen von Bewusstsein, keine Schmerzreaktion und keine Spontanatmung mehr habe, dann sei er als tot zu betrachten [100].

Naturwissenschaftlich-biologisch ist ein *sicherer Todeszeitpunkt* nicht zu bestimmen. Der Tod ist ein irreversibler Vorgang, der sich über Stunden hinzieht. Alle Definitionen eines Todeszeitpunkts verfolgten bisher immer einen bestimmten Zweck, z B. das rechtzeitige Erkennen des Scheintodes bei den sogenannten sicheren Todeszeichen, z.B. die zeitliche Festlegung aus versicherungsrechtlichen Gründen, z.B. die Einstellung einer nutzlosen Therapie beim Hirntodkriterium. Der Nebennutzen dabei ist, dass bei einem frühen Todeszeitpunkt die transplantierbaren Organe noch keinen irreparablen Schaden erlitten haben.

Medizinethisch ist gegen eine solche Definition des Todeszeitpunkts nichts einzuwenden, wenn ein hoher Grad an Gewissheit garantiert ist. Einem Sterbenden, d.h. noch Lebenden dürfen keine Organe entnommen werden (*Dead Donor Rule*). Auch sind Maximaltherapien auf Intensivstationen ethisch nur dann zu rechtfertigen, wenn das vereinbarte Therapieziel noch erreicht werden kann. Andernfalls muss man sein Therapieziel ändern, z.B. in Richtung palliative Behandlung. Lebenserhaltende Maßnahmen sind dann obsolet: Sie würden ja das Sterben verlängern.

Falls das Hirntodkriterium dazu verwendet wird, Organe und Gewebe des nun Verstorbenen zu entnehmen, ist vor allem dessen Wille ausschlaggebend, ersatzweise sein mutmaßlicher Wille. Zu unterstellen, jeder Hirntote habe automatisch eine Organspende gewollt (sogenannte Widerspruchslösung), ist als grob paternalistische Instrumentalisierung der Bevölkerung abzulehnen. Diese entmündigende Lösung wird in einigen Ländern dennoch praktiziert und auch in Deutschland immer wieder diskutiert.

Lebendspende

Es gehört hier nicht zum Thema „Tod“, dennoch sei darauf hingewiesen, dass es für einige Organe die Möglichkeit der *Lebendspende* gibt. Es handelt sich vorwiegend um gesunde Nieren. Spender müssen mehrere Voraussetzungen erfüllen, um für eine Spende infrage zu kommen. „Um Organhandel zu verhindern, darf eine Lebendorganspende nur zwischen Personen stattfinden, die sich persönlich nahestehen. Dazu zählen zum Beispiel Verwandte und Ehe- oder Lebenspartner, ... aber auch andere Personen, die sich offenkundig nahestehen“.[20]

Diagnostik

Um einen Hirntod zu erkennen, suchen wir nach dem irreversiblen Funktionsausfall des Großhirns, des Kleinhirns und des Hirnstamms. Währenddessen wird die intensivmedizinische Behandlung unverändert fortgeführt. Bei einer schweren Hirnschädigung sollen zwei unabhängige Fachärzte (Neurologe, Intensivmediziner) die Untersuchungen vornehmen. Sie stellen durch klinische Untersuchung die sieben Hirntodeszeichen fest: Komastadium IV, fehlende Hirnreflexe, Schmerzreaktionen, Husten- und Würgereflexe sowie im Apnoe-Test fehlende Spontanatmung.

Falls sich dabei widersprüchliche Befunde ergeben, kann technisch die fehlende Durchblutung des Gehirns nachgewiesen werden: Perfusions- oder Angio-CT, Dopplersonographie der Hirnstammgefäße, digitale Subtraktionsangiographie, Kernspintomographie, je nach den örtlichen Möglichkeiten. Anschließend stellen die beiden Fachärzte, die nicht zum Transplantationsteam gehören dürfen, unabhängig voneinander den Hirntod mit amtlichem Todeszeitpunkt fest.

Danach sind alle lebenserhaltenden Maßnahmen zu beenden, es sei denn, der Hirntote ist ein Organspender: Dann werden die intensivmedizinischen Maßnahmen zur Organerhaltung fortgeführt. [103]

Spende bei Herztod

In einigen Ländern gibt es die Organgewinnung beim kontrollierten Herztod (*Donation after Cardiac Death*, DCD) [92]. Es handelt sich um Patienten auf einer Intensivstation, bei denen die lebenserhaltenden Maßnahmen beendet werden müssen, weil das Therapieziel unerreichbar ist (Maastricht-Kriterium III, kontrollierter Herztod). Wenn dann das Herz zu schlagen aufhört, wird eine *No-Touch*-Zeit von 5-10 Minuten eingelegt und anschließend (zusätzlich zum Herztod) der Hirntod klinisch durch zwei unabhängige Fachärzte festgestellt. Dann können die Organe explantiert werden. In Deutschland ist die Organentnahme bei kontrolliertem Herztod (Maastricht III) nicht erlaubt.

Organerhaltung

Besonders irritierend sind für die Angehörigen die Maßnahmen zur Organerhaltung, denn dadurch entsteht der Eindruck, der Tote sei durchaus noch am Leben: Er hat eine rosige Hautfarbe, sein Thorax bewegt sich durch das Beatmungsgerät, manchmal bewegt er Arme und Füße durch spinale Reflexe. Man assoziiert einen Schlafenden. Allerdings wird dieser Zustand lediglich durch eine maximale intensivmedizinische Behandlung aufrecht erhalten: Blutdruck und Herzrhythmus werden reguliert, die Elektrolyte und das Säure-Basen-Gleichgewicht werden ausgeglichen, Hormone werden ersetzt, die Körpertemperatur wird gehalten.

Organentnahme

Zur Organentnahme wird der Tote möglichst bald (72-Stunden-Frist) unter laufender Organerhaltung in einen Operationssaal gebracht, wo ihm ein extrakorporaler Kreislauf angelegt wird. Die Blut- und Sauerstoffversorgung der Organe ist jetzt unabhängig von der Herz- oder Lungenaktion. Dann werden Herz, Lungen, Dünndarm, Leber, Bauchspeicheldrüse und Nieren entnommen. Jedes Organ wird für sich mit gekühlter Nähr- und Konservierungslösung präpariert und in Transportbehälter verpackt. Die Organe müssen innerhalb der nächsten Stunden dem Empfänger eingepflanzt werden. Die Operateure entnehmen noch Milz- und Lymphknotengewebe: Damit wird sofort im Labor die Gewebstypisierung durchgeführt. Zuletzt wird die Leiche versorgt.

Spendebreitschaft

In vielen Ländern stagniert die Spendebereitschaft der Bevölkerung oder sinkt sogar. Dafür gibt es viele organisatorische, strukturelle oder technische Gründe. In Deutschland hat sicher der Lebertransplantations-Skandal 2010-2013 dazu beigetragen: Die Warteliste für Lebertransplantationen wurde dadurch manipuliert, dass man eigene Patienten kränker darstellte. Sie erhielten deshalb früher ein Spenderorgan. Nach dem Bekanntwerden dieses Betrugs sanken die Organentnahmen dramatisch, auch bei Nieren und Herzen. Aus ethischer Sicht ist das völlig verständlich. Eine Priorisierung, d.h. Bevorzugung ist eigentlich ungerecht. Wir nehmen sie bei der Zuteilung der Spenderorgane hin, weil es keine bessere Lösung gibt. Wir erwarten aber, dass in dieser unbefriedigenden Situation wenigstens keine weiteren Ungerechtigkeiten oder Täuschungsmanöver stattfinden. Wenn dieser Eindruck entsteht, verliert die Bevölkerung das Interesse und will sich an einem offensichtlich ungerechten System nicht weiter beteiligen.

Es gibt einen weiteren Faktor: Auf die tiefsitzenden Bedenken der Menschen wird zu wenig eingegangen. Bei einer Fragenbogenaktion auf Münchener Intensivstationen [45] hielten 27 Ärzte und 73 Pflegenden die Organzuteilung für einigermaßen gerecht. Die meisten, aber nicht alle, stimmten dem Hirntodkriterium zu. Viele fühlten sich durch die organerhaltenden Maßnahmen selbst psychisch beeinträchtigt. Im ihren Gesprächen mit den Angehörigen betonten sie, dass durch die Organspende der Tod noch einen guten Zweck hätte und so Leben gerettet würden. Eine moralische Pflicht der Angehörigen, der Organspende zustimmen zu müssen, lehnten sie jedoch ab.

Interessant waren die Einwände der Angehörigen: Der Hirntod sei nicht der Tod des Menschen, der Körper solle unversehrt auferstehen oder wiedergeboren werden, der Tote solle intakt im Leben nach dem Tod ankommen, er solle als Ganzes beerdigt werden oder die Seele wohne noch im Körper. Diese Hindernisse in der Bevölkerung können nicht durch Hochglanzbroschüren, Websites oder Internet-Filme überwunden werden. Es geht um grundlegende Einstellungen zum Leben und Sterben, es werden auch Glaubensfragen berührt, unabhängig vom Alter.

Bei einer Befragung von 1403 Studenten aus Erlangen, Göttingen und Oldenburg [84] fand man deutliche Unterschiede zwischen dem Ort des Lebertransplantations-Skandals (2012 in Göttingen) und dem Studienort Erlangen. Immerhin nahm die Bereitschaft, einen Organspende-Ausweis zu tragen in beiden Orten von 24% im Jahr 2008 auf 52% im Jahr 2014 deutlich zu. Prinzipiell spendewillig, aber nicht immer mit Ausweis, waren zuletzt 75%. In Göttingen fühlten sich 55%, in Erlangen 43% gut über Organspende und Transplantation informiert. Die meisten hielten das Zuteilungsverfahren für verbesserungswürdig (64–74%). Zehn Prozent der Spendewilligen hielten das Hirntodkriterium für problematisch, 20% der Skeptiker. Überraschende 29% der Spendewilligen stimmten der Feststellung zu, das Herz repräsentiere die Einzigartigkeit des Individuums und solle nicht gespendet werden; bei den Skeptikern waren es sogar 41%.

Auch junge Leute machen sich Gedanken über den Tod oder die Organspende. Dabei ist das Herz besonders emotional aufgeladen. Der Hirntod scheint für sie als Todeskriterium weitgehend akzeptiert zu sein. Wichtig bleibt ihnen die Gerechtigkeit und Transparenz der Organzuteilung.

Alle medizinischen Todeskriterien hatten ein bestimmtes Ziel, sei es die Verhinderung des Scheintodes, die nutzlose Weiterbehandlung auf Intensivstationen oder eben die Gewinnung von transplantierbaren Organen. Gerade dieser Nutzen des Hirntod-Kriteriums stößt auf tiefsitzende Bedenken in der Bevölkerung. Aus medizinethischer Sicht genügt eine vorwiegend technische und organisatorische Information nicht. Wir haben ernste Hinweise aus aktuellen Untersuchungen, dass emotionale, spirituelle und transzendentale Einstellungen und Haltungen eine viel größere Bedeutung für potentielle Spender und ihre Angehörigen haben als bisher vermutet. Solange in der Bevölkerung Zweifel am Hirntodkriterium bestehen, wird unterstellt, wir würden an Sterbenden, d.h. noch Lebenden Organe entnehmen.

Oft sollen Angehörige in kürzester Zeit über die Organspende eines lieben Familienmitglieds entscheiden, was für sie immer eine unerträgliche Zumutung und Überforderung darstellt. In diese Situation sollten wir sie niemals bringen, sondern uns selbst zu Lebzeiten für oder gegen die Organspende entscheiden.

Sterbehilfe

Sterbehilfe ist ein juristischer Begriff, der zusätzlich mit den Adjektiven aktiv, indirekt, passiv etc. spezifiziert wird. Unsere palliativmedizinischen Begriffe geben den medizinischen Sachverhalt genauer wieder und sollten von Ärzten, Pflegenden und Therapeuten statt der juristischen verwendet werden. Wie unsere Sachverhalte dann in Gesetzesschablonen passen, ist Angelegenheit der Juristen. Sie unterscheiden gerne eine Hilfe beim Sterben von einer Hilfe zum Sterben: Das ist zu einfach.

Von ärztlicher Sterbebegleitung kann man erst sprechen, wenn der Sterbeprozess schon begonnen hat. Wir alle wissen, dass der Beginn zeitlich nie sicher festzulegen ist. Sterben ist ein Vorgang, der mehrere Tage dauern kann oder nur einige Minuten. Dennoch ist es Aufgabe des behandelnden Arztes, sich festzulegen, denn ein Sterbeprozess darf nicht mehr aufgehalten werden.

Tötung auf Verlangen

Der juristische Begriff *aktive Sterbehilfe* entspricht einer medizinischen Handlung mit dem Therapieziel „Tötung“. Eine solche Handlung mit dem Ziel einer Tötung ist nach wiederholter Stellungnahme der Bundesärztekammer keine ärztliche Aufgabe, d.h. es widerspricht dem Berufsethos und zwar unabhängig davon, ob der Sterbeprozess schon eingesetzt hat oder nicht. Juristisch handelt es sich um eine Tötung auf Verlangen, falls es auf Wunsch des Patienten geschieht. Falls der Patient (oder sein Patientenvertreter) nicht zugestimmt hätte, wäre es womöglich Totschlag oder Mord.

Adäquate palliative Behandlung

Den juristischen Begriff *indirekte Sterbehilfe* lehnt die Palliativmedizin ab, denn es handelt sich dabei um eine adäquate palliative Behandlung, bei welcher gegebenenfalls das Leben um kurze Zeit verkürzt wird. Jede palliative Maßnahme ist eine symptom-orientierte Behandlung, die eine Verbesserung der subjektiven Lebensqualität als Therapieziel hat, nicht eine kurative Lebenserhaltung und -Verlängerung. Es gibt kaum einen Patienten, der sich gegen eine ordentliche Schmerztherapie, eine Behandlung seiner Übelkeit, seiner Atemnot oder seiner Angstattacken wehrt, auch wenn die unvermeidliche Lebenszeitverkürzung von uns ausdrücklich angesprochen wird.

Ein Rechtfertigungsproblem entsteht bei mangelhafter Festlegung des Therapieziels. Wenn klar dokumentiert ist, welche Symptome ausreichend behandelt werden sollen und die Auswahl und Dosierung der Medikamente zum symptomatischen Therapieziel passen, d.h. die palliative Indikation stimmt und wenn der Patient (oder sein Vertreter) dem zugestimmt hat, gibt es auch bei einer terminalen Sedierung weder moralische noch juristische Bedenken.

Sterbebegleitung

Ebenso unpassend ist aus medizinischer Sicht der juristisch widersprüchliche Begriff *passive Sterbehilfe*, denn es handelt sich keineswegs um ärztliche oder pflegerische Passivität. Unsere medizinische Tätigkeit umfasst aktives Behandeln ebenso wie aufmerksames Abwarten oder gründliches Abwägen, was im eigentlichen Sinn Handlungen sind. Medizinisch geschieht hier etwas völlig anderes: Der irreversible Sterbeprozess wird nicht durch inzwischen nutzlose kurative Maßnahmen aufgehalten. Wir sprechen dann auch nicht von Therapieabbruch, denn beendet werden ja nur die nutzlosen kurativen Handlungen. Was nun stattfindet ist eine *Therapiezieländerung*, wir gehen in Richtung palliative Therapie.

Therapieziele

Eine medizinische Handlung ist dann indiziert, wenn sie auf einer soliden Diagnose beruht und wenn sie ein realisierbares Therapieziel hat, das den Zielen des Patienten entspricht. Dann kann man eine wissenschaftlich begründbare Therapie wählen, die zum Therapieziel führt und diese Therapie muss selbstverständlich mit dem Patienten abgestimmt werden. Falls sich im Krankheitsverlauf zeigt, dass das vereinbarte Therapieziel nicht mehr zu erreichen ist, darf nicht blindlings weiterbehandelt werden. Ohne erreichbares Therapieziel entfällt die Indikation und die darauf begründete Therapie wird obsolet. Man muss das Therapieziel revidieren und eine neue indizierte Behandlung finden; zu beidem ist die Zustimmung des Patienten (oder seines Vertreters) erforderlich.

Therapiezieländerungen sind häufig, vor allem in der Intensivmedizin oder in der Onkologie. Wir brechen die Therapie nicht ab, um anschließend gar nichts mehr zu tun, sondern ändern das Therapieziel in Richtung Palliation. Der oft gehörte Satz „da können wir nichts mehr machen" ist medizinisch falsch und für den Patienten schädigend; wir verabschieden uns von einer kurativen Illusion und machen realitätsnahe Palliativmedizin.

Garantenpflicht

Das Problem der Garantenpflicht des Arztes inclusive der Frage einer unterlassenen Hilfeleistung hängt immer an der Situation und der Indikation einer medizinischen Handlung. Der § 323c des Strafgesetzbuches beschäftigt sich mit unterlassener Hilfeleistung:

> (1) „Wer bei Unglücksfällen oder gemeiner Gefahr oder Not nicht Hilfe leistet, obwohl dies erforderlich und ihm den Umständen nach zuzumuten, insbesondere ohne erhebliche eigene Gefahr und ohne Verletzung anderer wichtiger Pflichten möglich ist, wird mit Freiheitsstrafe bis zu einem Jahr oder mit Geldstrafe bestraft."
>
> (2) „Ebenso wird bestraft, wer in diesen Situationen eine Person behindert, die einem Dritten Hilfe leistet oder leisten will."

Für nicht mehr indizierte Handlungen gibt es keine Garantenpflicht. Ganz im Gegenteil stellt eine nicht indizierte Handlung unter Umständen eine Straftat dar.

Ebenso gefürchtet ist eine Straftat durch *Unterlassung*. Der § 13 des Strafgesetzbuches beschreibt das Begehen durch Unterlassung:

> „Wer es unterlässt, einen Erfolg abzuwenden, der zum Tatbestand eines Strafgesetzes gehört, ist nach diesem Gesetz nur dann strafbar, wenn er rechtlich dafür einzustehen hat, dass der Erfolg nicht eintritt, und wenn das Unterlassen der Verwirklichung des gesetzlichen Tatbestandes durch ein Tun entspricht."

Wenn der irreversible Sterbeprozess begonnen hat und Lebenserhaltung kein Therapieziel mehr sein kann, müssen keine lebenserhaltenden Maßnahmen mehr durchgeführt werden. Auch hier zählt das Argument einer *nicht mehr vorhandenen Indikation*. Selbstverständlich ist Sich-nicht-kümmern keine medizinische Handlung, eine Umstellung auf palliative Maßnahmen jedoch schon.

Diesbezügliche ärztliche und pflegerische Unsicherheiten sind immer sehr ernst zu nehmen und in einem Ethikkonsil ausführlich zu besprechen. Die Erfahrung zeigt, dass nach einer Ethikberatung Therapiezieländerungen auf den Stationen transparenter und ausführlicher dokumentiert werden und die Indikationen strikter gestellt und begründet werden. Das ist bei Konflikten hilfreich.

Assistierter Suizid

Eine völlig andere Problematik ist der assistierte Suizid, den die Bundesärztekammer ebenfalls nicht für eine ärztliche Aufgabe hält. Wir befinden uns dabei zum Zeitpunkt der Handlung nicht unbedingt in der Sterbephase sondern unter Umständen weit davor. Standesethisch ist diese Beihilfe also nicht erlaubt, juristisch hingegen schon: Weil Suizid nicht strafbar ist, kann die Beihilfe zu einer nicht strafbaren Handlung nicht strafbar werden.

Die Schwierigkeit besteht auf einem anderen Feld: Wenn der Arzt einem Suizidenten nicht das Leben rettet, verstößt er gegen seine Garantenpflicht und begeht eine unterlassene Hilfeleistung. Dieser juristische Widerspruch ist bis heute nicht gelöst. Leider hat die aktuelle Gesetzgebung nicht wesentlich zur Klarheit beigetragen.

Die Behauptung, eine adäquate Palliativbehandlung beseitige jeden Sterbewunsch, ist so sicherlich nicht haltbar. Unsere Erfahrung aus den Palliativstationen ist, dass viele Patienten nach einer ordentlichen palliativen Therapie keinen Sterbewunsch mehr äußern. Einige jedoch bleiben beim Wunsch nach Tötung.

Unsere Psychologen und Seelsorger sagen, dass die Beseitigung der Symptome nicht gegen die *Sinnlosigkeit* im Leben helfe. Der Psychiater Viktor Frankl (1905–1997) hat das umfassend beschrieben [31]. Da stellt sich schon die Frage, ob der Arzt die Indikation zur Tötung auf Verlangen bei der Diagnose „Sinnlosigkeit des Lebens“ stellen kann. Ebenso bleibt zu diskutieren, ob es unbedingt ein Arzt sein muss, der dann tötet.

Die medizinische, pflegerische und spirituelle Begleitung von Sterbenden ist eine wichtige Aufgabe von Ärzten, Pflegenden, Therapeuten und Seelsorgern. Auch die Angehörigen sollten begleitet werden; sie sind oft erstmals im Leben in diese Situation geraten und entsprechend überfordert. Unser Therapieziel ist es, den Sterbeprozess für unseren Patienten erträglich zu gestalten und ihm noch möglichst viele soziale Kontakte zu ermöglichen. Die Beherrschung von Schmerz, Übelkeit, Atemnot oder Angst kann eine medizinische Herausforderung sein und ist keineswegs simpel.

Ein weiterer Aspekt wird gerne vernachlässigt: Wer Todkranke und Sterbende behandelt, wird unweigerlich mit der eigenen Sterblichkeit konfrontiert. Er muss sich damit auseinandersetzen, dass alles Leben nun mal endlich ist, auch das eigene. Wer das für sich selbst akzeptieren lernt, kann auch mit seinen Patienten und den Angehörigen diese letzte Lebensphase gestalten. Man muss keine Angst mehr vor der Begleitung Sterbender haben.

Der gute Arzt

Die Idee vom „guten Arzt“ zieht sich durch die ganze Medizingeschichte. Es scheint ja auch ganz selbstverständlich, dass Patienten von keinem schlechten Arzt behandelt werden möchten. Unsere Frage ist: Was verstand man früher in diesem Zusammenhang mit „gut“ und wie beurteilen wird das heute. [86]

Antike und Mittelalter

Im *Corpus hippocraticum* findet sich der sogenannte Eid des Hippokrates von Kos (460–370 v.Chr..). Nach Ansicht der Medizinschule am Asklepieion auf Kos hatte der gute Arzt nur Nutzen zu bringen und Schaden zu vermeiden, weder aktive Sterbehilfe noch Abtreibungen durchzuführen, das Arztgeheimnis zu wahren und keine geschlechtlichen Beziehungen zu seinen Patienten zu unterhalten. Außerdem sollte er Blasensteine den Spezialisten überlassen.

Aelius Galenus von Pergamon (130–200 n.C.) war als berühmter Arzt in Rom tätig und der Überzeugung, ein guter Arzt müsse Philosoph sein. Philosophie umfasste damals auch die Naturforschung. Aus heutiger Sicht meinte Galen sicherlich, der gute Arzt müsse naturwissenschaftlich und theoretisch philosophisch gebildet sein. Er selbst etablierte eine grundlegende Systematik der Organe und Krankheiten, die jahrhundertelang Stand der Kunst blieb [1].

Die legendären Zwillinge Cosmas und Damian, zwei Ärzte aus Syrien, sollen im zweiten Jahrhundert n. C. in Aigeai und später in Rom eine gut gehende Praxis mit spektakulären Heilerfolgen betrieben haben. Man denke nur an die häufig zu findende bildliche Darstellung einer Transplantation des rechten Beines, allerdings in falscher Hautfarbe. Sie waren der religiös begründeten Ansicht, gute Ärzte sollten *Anargyroi* sein, d.h. kein Honorar nehmen; Spenden waren willkommen. Sie starben 303 als Märtyrer [23]; Verstöße gegen die Gebührenordnung blieben noch nie ohne Konsequenzen.

Rabbi Mosche ben Maimon, abgekürzt Rambam oder geläufiger Maimonides aus Cordoba (1135–1204) war ein begehrter und berühmter Arzt, aber eigentlich Universalgelehrter [60]. Bei ihm ist der gute Arzt begeistert von der Wissenschaft, trifft stets rationale Entscheidungen, setzt sich für Wahrheit und Menschenliebe ein, behandelt Freund wie Feind (s.u.).

Neuzeit

Aureolus Philippus Theophrastus Bombastus von Hohenheim, genannt Paracelsus (1493–1541), lebte als Arzt, Naturforscher und Philosoph bei Einsiedeln im heutigen Kanton Schwyz, in Süddeutschland und in Österreich [1]. Er fand, dass das allgemein gültige System des Galenus überhaupt nicht mit seinen empirischen Beobachtungen übereinstimmte. Ein guter Arzt solle sich lieber auf seine eigenen Erfahrungen verlassen, seine Vernunft einsetzen und seine eigene Arbeitsweise entwickeln (*experiencia, ratio et labor*[11]). Er verwende nur Medikamente, die er gut kenne und misstraue allen Giftmischern. Der therapeutische Erfolg beruhe immer auf der individuell angepassten Dosierung: *Dosis facit venenum*[12]. Darum müsse der gute Arzt seinen Patienten und dessen soziales Umfeld gut kennen. Außerdem seien Geschenke abzulehnen, das Honorar bleibe stets angemessen.

Christoph Wilhelm Friedrich Hufeland (1762–1836), ein Zeitgenosse Goethes, war Hofmedicus in Weimar, Professor in Jena, später in Berlin. Er entwickelte den interessanten Ansatz, dass ein guter Arzt die Selbstheilungskräfte seiner Patienten zu stärken habe. Er nannte das „Lebenskraft". Ärzte sollten bescheiden bleiben, denn nicht sie, sondern die Natur heile Krankheiten (*Natura sanat, medicus curat morbos*[13]) [43]. Außerdem sei es besser, Krankheiten vorzubeugen als sie später (oft erfolglos) behandeln zu müssen. Medizin müsse Wissenschaft sein, die mit Kunstfertigkeit verbunden ist. Wer das bloße Wissen habe, sei ein medizinischer Gelehrter, aber kein Arzt, denn dazu gehöre unabdingbar das Talent des Handelns.

---

[11] Erfahrung, Vernunft und Arbeit.

[12] Die Dosis macht etwas zum Gift.

[13] Die Natur heilt, der Arzt kümmert sich um Krankheiten.

Naturwissenschaftliche Medizin

Der Pathologe Rudolph Ludwig Karl Virchow (1821–1902), Professor in Würzburg und in Berlin, vertrat an der Wende vom 19. zum 20. Jhd. eine strikt naturwissenschaftliche Medizin, die allerdings zugleich sozial ausgerichtet sein müsse (*salus publica*[14]). Er bezeichnet die Situation 1893 als Übergang aus dem philosophischen ins naturwissenschaftliche Zeitalter der Medizin [108]. Sein internistischer Kollege Bernhard Naunyn (1839–1925), zuletzt Professor in Straßburg, brachte diesen Wechsel in seiner Eröffnungsrede des Internistenkongresses 1902 etwas euphorisch auf den Punkt: „Medizin wird Wissenschaft sein oder sie wird nicht sein." Gemeint war Naturwissenschaft. Es beginnt nun im 20. Jhd. eine rasante naturwissenschaftliche Entwicklung der Medizin, deren Früchte wir heute tagtäglich nutzen und auf die wir nicht verzichten könnten. Allerdings zeigt sich, dass Medizin nicht *nur* Naturwissenschaft sein kann. Der Internist Ludolf von Krehl (1861–1937), zuletzt Professor in Heidelberg, der die pathologische Physiologie begründete und somit ein ausgewiesener naturwissenschaftlicher Mediziner war, wurde im ersten Weltkrieg als leitender Truppenarzt an der Westfront eingesetzt. Was er dort an menschlichem Leid erlebte, ging ihm sehr nahe. Danach vertrat er eine Wendung von der rein naturwissenschaftlich orientierten zu einer patienten-orientierten Medizin. Sein Assistent Viktor von Weizsäcker (1886–1957) hatte ihn durch die Lazarette begleitet. Er beschreibt diese Wende sehr eindringlich in mehreren Artikeln und entwickelte seine *Medizinische Anthropologie*. Es ging, wie er selbst sagte, um die Einführung des Subjekts (Patient) in die Medizinische Wissenschaft [93]. Heute spricht man von der Heidelberger Schule. Sie war die Grundlage für Thure von Uexkülls (1908–2004) *psychosomatische Medizin*: Körper und Seele seien nicht zu trennen; beide leiden gleichzeitig, beide müssen gesunden.

Der Psychiater und Philosoph Karl Jaspers (1883–1969) weist 1958 in seinem Artikel „Der Arzt im technischen Zeitalter" darauf hin, dass viele Krankheitsprozesse nicht naturwissenschaftlich zu erklären seien [48]. Er erklärt das philosophisch handlungstheoretisch. Es genüge eben nicht, empirisch zu beobachten und zu verstehen, wie die Naturwissenschaft. Ärzte müs-

[14] Öffentliches Wohl.

sen darüber hinaus frei rational denken können und Empathie entwickeln und vor allem: Sie müssen handeln.

Beide Stränge, der naturwissenschaftlich orientierte und der patienten-orientierte, laufen heute parallel durch unsere Medizin. Sie ergänzen sich, wir können mit beiden gut arbeiten. Sie werden jedoch seit etwa der Jahrtausendwende zunehmend durch einen dritten Strang bedrängt, den ökonomie-orientierten, von dem Karl Jaspers noch keine Ahnung haben konnte.

Was ist gut am guten Arzt?

Was könnte heute einen *guten Arzt* kennzeichnen?

(1) Das Patientenwohl steht im Vordergrund der Entscheidungen, nicht seine Karriere oder die Interessen des Hauses. Bei Fehlern wird der Patient geschützt, nicht die Institution.

(2) Je kränker und weniger autonom der Patient ist, desto mehr Verantwortung übernimmt der Arzt. Er hat eine Fürsorgepflicht ohne Paternalist zu werden, denn der Patient ist kein passives Objekt. Er muss selbst an seiner Genesung mitwirken können.

(3) Nutzenchance und Schadenrisiko einer Handlung sind sorgfältig abzuwägen. Schäden müssen immer kontrollierbar bleiben. In kritischen Situationen hilft ein vorbereiteter „Plan B". Behandlungen in Unkenntnis von Nutzen oder Schaden sind verantwortungslos.

(4) Diagnose, Therapieziel und Behandlungsmethoden werden mit dem Patienten adäquat kommuniziert. Der Arzt, der Pflegende, der Therapeut hat adäquate Kommunikation erlernt, obwohl sie in Studium und Weiterbildung vernachlässigt wurde.

(5) Er kümmert sich um Entscheidungen, die nicht nur der Patient mitträgt, sondern auch seine Angehörigen. Auf dieses soziale Umfeld ist der Patient ja später angewiesen.

(6) Er ist bescheiden, denn nicht er heilt, sondern die Natur des Patienten. Nur der Patient hat die Fähigkeit der Salutogenese. Man darf der individuellen Salutogenese allerdings nicht im Weg stehen.

(7) Unvernunft steht jedem autonomen Menschen zu. Ein Arzt, Pflegender oder Therapeut erträgt das möglichst gelassen. Wir stehen aber zu unseren rationalen Entscheidungen und erklären diese ausführlich. Übrigens: Der Patient hat meistens Gründe.

(8) Ärzte sind nicht im Besitz der Wahrheit, wir haben allenfalls einen hohen Grad an Gewissheit bei Diagnose und Prognose. Eine zumindest kleine Unsicherheit bleibt immer. Unsere Diagnosen und Prognosen sind lediglich falsifizierbare Arbeitshypothesen.

(9) Jede Medizin hat natürliche Grenzen. Unheilbarkeit, Sterben und Tod gehören zu unserem Beruf.

Das letzte Wort soll Maimonides haben; ihm wird das sogenannte Morgengebet des Arztes zugeschrieben:

> Lass mich beseelt sein von der Liebe zur (Heil-)Kunst und zu Deinen Geschöpfen. Gib nicht zu, dass Durst nach Gewinn, Haschen nach Ruhm und Ansehen sich in meine Tätigkeit mische, denn diese Feinde der Wahrheit und Menschenliebe könnten mich leicht täuschen und von der hohen Bestimmung abhalten, Deinen Kindern Gutes zu tun. Stärke die Kraft meines Herzens, immer bereit zu sein, dem Armen und Reichen, dem Guten und Schlechten, dem Freund und Feind zu dienen. Lass mich im Leidenden immer den Menschen sehen.
>
> Möge mein Geist am Krankenbett stets Herr seiner selbst bleiben. Kein fremder Gedanke zerstreue ihn. Alles an Erfahrung und Forschung sei ihm stets gegenwärtig; denn groß und selig ist die Ruhe aus vernünftiger Forschung, die Deine Geschöpfe gesund erhalten soll.
>
> Verleihe meinen Kranken Zutrauen zu mir und meiner (Heil-)Kunst sowie zur Befolgung meiner Verordnungen und Weisungen. Verbanne von ihrem Lager alle Quacksalber, das Heer der ratgebenden Verwandten, die besser-

wissenden Pflegerinnen[15]. Dieses grausame Volk vereitelt die besten Absichten der (Heil-)Kunst und führt Deine Geschöpfe oft zum Tode.

Wenn Unkundige mich tadeln und verspotten, möge die Liebe zur (Heil-)Kunst wie ein Panzer meinen Geist unverwundbar machen, damit er ohne Rücksicht auf Ruf, Alter oder Ansehen seiner Feinde beim Wahren verharre. Verleihe Gott mir Milde und Geduld mit verletzenden und eigensinnigen Kranken.

Gib mir Mäßigung in allem, nur nicht in der Erkenntnis; in dieser lass mich unersättlich sein. Fern bleibe mir der Gedanke, dass ich alles wüsste und könnte. Gib mir Kraft, Muße und Gelegenheit, mein Wissen mehr und mehr zu erweitern. Mein Geist kann heute Irrtümer im Wissen erkennen, die er gestern noch nicht ahnte. Die (Heil-)Kunst ist jetzt schon groß, aber der menschliche Verstand dringt immer weiter vor.

Dem ist nichts hinzuzufügen.

---

15 Der Pflegeberuf war noch nicht als Profession entwickelt; es handelte sich um Angehörige oder bezahlte Krankenwärterinnen, nicht um Krankheits- und Gesundheitspflegerinnen im heutigen Sinn.

Literatur

1. Ackerknecht E.H.: Kurze Geschichte der Medizin. Stuttgart 1967.

2. Amareno P. et al.: Statins in stroke prevention and carotid atherosclerosis. Stroke 2005; 35; 2902ff.

3. Ankowitsch E.: Arzt-Patienten-Beziehung: Vertrauen über Jahrzehnte weggespart. Dtsch Ärztebl 2013; 110; A-1940.

4. Antonovsky A., Franke A.: Salutogenese: Zur Entmystifizierung der Gesundheit. Tübingen 1997.

5. Arendt H.: Macht und Gewalt. München 1970.

6. Aristoteles: Die Nikomachische Ethik. Düsseldorf/Zürich 2005

7. Aristoteles: Rhetorik. Ditzingen 1999.

8. Baile W.F. et al.: SPIKES – A Six-Step Protocol for Delivering Bad News. Application to the Patient with Cancer. The Oncologist 2000; 5; 302–311.

9. Beauchamp T.L., Childress J.F.: Principles of Biomedical Ethics. Oxford University Press 2013, 7th ed.

10. Beckermann M.J.: Evaluation epidemiologischer Studien zur Östrogen-Gestagen-Hormontherapie. Schweiz Med Forum 2001; 5; 91ff.

11. Binding K., Hoche A.E.: Die Freigabe der Vernichtung lebensunwerten Lebens. Ihr Maß und Ihre Form. Leipzig 1920.

12. Birnbacher D.: Wie gerecht ist das deutsche System der Gesundheitsversorgung. In: G. Brudermüller, K. Seelmann (Hrsg.): Zweiklassenmedizin? Würzburg 2012.

13. Bleker J., Jachertz N.: Medizin im Dritten Reich". Köln, 1993.

14. Boorse C.: On the Distinction Between Disease and Illness. Philos Public Aff 1975; 5; 49–68.

15. Bordt M.: Die Kunst, die Eltern zu enttäuschen. München 2017, p. 56

16. Bürgerliches Gesetzbuch §1901; dejure.org/gesetze/BGB/1901a.html; dejure.org/gesetze/BGB/1901b.html; dejure.org/gesetze/BGB/1901c.html {Zugriff März 2018}.

17. www.aerzteblatt.de/nachrichten/73008/Personalschluessel-in-der-Pflege-Andere-Laender-machen-es-vor {Zugriff März 2018}.

18. Bundesärztekammer 2015; www.bundesaerztekammer.de/fileadmin/user_upload/downloads/pdf-Ordner/118._DAET/118DAETBeschlussprotokoll20150515.pdf; TOP III [Zugriff März 2018}.

19. Bundesgesetzblatt 2013, Teil I Nr. 9 vom 25. 02. 2013: Gesetz zur Verbesserung der Rechte von Patientinnen und Patienten („Patientenrechtegesetz")

20. Bundeszentrale für gesundheitliche Aufklärung; www.organspende-info.de/organ-und-gewebespende/arten/lebendspende {Zugriff März 2018}

21. Charbonnier R. et al.: Medizinische Indikation und Patientenwille. Stuttgart 2008.

22. Cicero M.T.: De legibus. In Nickel R. (Hrsg), Zürich 1994, Buch III, §28.

23. De Voragíne, Jacobus: Legenda aurea. Übersetzt und herausgegeben von R. Benz, Jena,1925. Band II, p. 203ff.

24. Deutsche Gesellschaft für Innere Medizin 2017; www.dgim.de/fileadmin/user_upload/PDF/Pressemeldungen/2017_Klinik_Codex_01.pdf {Zugriff März 2018}.

25. Deutsche Krankenhausgesellschaft; www.dkgev.de {Zugriff März 2018}

26. Epikur: Kyriai doxai, Nr. 2. In: Epikur: Über das Glück. Zürich 1995.

27. European Federation of Psychologists' Associations: Ethischer Meta-Code. www.bdp-verband.de/bdp/verband/clips/efpa_metacode_de.pdf {Zugriff Juni 2018}

28. Foucault M.: Überwachen und Strafen. Die Geburt des Gefängnisses. Frankfurt 1994.

29. Frankfurt H.G.: The importance of what we care about. Cambridge NY 1988.

30. Frankfurt H.G.: Ungleichheit (On Inequality, 2015), Frankfurt 2016.

31. Frankl V.: Das Leiden am sinnlosen Leben. Psychotherapie für heute. Freiburg im Breisgau 1978–2006.

32. Gadamer H.G.: Über die Verborgenheit der Gesundheit, Frankfurt, 1993, p. 133ff.

33. Gehlen A.: Der Mensch. Seine Natur und seine Stellung in der Welt. Berlin 1940.

34. Gesundheitsreform: Eine gute Übersicht liefert de.wikipedia.org/wiki/ Gesundheitsreform_ in_Deutschland {Zugriff März 2018}.

35. Gesundheitsstrukturgesetz 1993; www.gesetze-im-internet.de/bundesrecht/gsg/gesamt.pdf {Zugriff März 2018}

36. Gilligan C.: Die andere Stimme (In a Different Voice, 1982), München 1984.

37. Habermas J.: Diskursethik. Philosophische Texte Bd.3. Frankfurt 2009.

38. Hamburger K.: Das Mitleid. Stuttgart 1985.

39. Harvard 1968; A definition of irreversible coma. Report of the Ad Hoc Committee of the Harvard Medical School to Examine the Definition of Brain Death. JAMA 1968; 205; 337ff.

40. Hegel G.W.F.: Grundlinien der Philosophie des Rechts, Berlin 1820.

41. Höffe O. (Hrsg.): Einführung in die utilitaristische Ethik, Tübingen 1992.

42. Horster D.: Ethik. Reclam Stuttgart 2009.

43. Hufeland C.W.: Enchiridion Medicum. Berlin 1842.

44. Hume D.: Ein Traktat über die menschliche Natur. Darmstadt 1967.

45. Hvindt N.C. et al.: For and against Organ Donation and Transplantation: Intricate Facilitators and Barriers in Organ Donation Perceived by German Nurses and Doctors. J Transplant 2016; dx.doi.org/10.1155/2016/3454601 {Zugriff März 2018}.

46. ICN 2018; www.icn.ch/images/stories/documents/about/icncode_german.pdf {Zugriff März 2018].

47. Janich P.: Was ist Wahrheit? München 1996.

48. Jaspers K: Der Arzt im technischen Zeitalter. In: Autrum H. (Hrsg.): Von der Naturforschung zur Naturwissenschaft. Berlin 1987, p. 545ff.

49. Jonas H.: Das Prinzip Verantwortung. Frankfurt 1979.

50. Jost A.: Das Recht auf den Tod. Sociale Studie. Göttingen 1895. Zitiert nach [13].

51. Kant I.: Die Metaphysik der Sitten, zweiter Teil, Metaphysische Anfangsgründe der Tugendlehre VA: Eigene Vollkommenheit und I. Ethische Elementarlehre, 2. Buch: Von der unvollkommenen Pflicht gegen sich selbst. Königsberg 1797.

52. Kofler J.: Mit-Leid. Würzburg 2001.

53. Kohn T.T. et al.: To err is human. Natl Academic Press 2000.

54. Kühn H.: Industrialisierung der Medizin. Jahrbuch Kritische Medizin 1998; 29; 34ff.

55. Löber N.: Fehler und Fehlerkultur im Krankenhaus. Gabler Verlag Wiesbaden, 2012.

56. Luhmann N.: Vertrauen. Stuttgart 1973.

57. Luhmann N.: Talcott Parsons. Kölner Z. f. Soziologie und Sozialpsychologie 1988; 40; 127ff.

58. Luhmann N.: Macht. Stuttgart 1988.

59. Luhmann N.: Die Moral der Gesellschaft, Frankfurt 2008.

60. Maimonides M.: www.hagalil.com/judentum/rambam/maimonides.htm {Zugriff März 2018}.

61. Maio G.: Arzt sein heißt ein Versprechen geben. Was durch eine ökonomische Überformung der Medizin verloren geht. In: A. Frewer et al.(Hrsg.): Gute oder vergütete Medizin? Jahrbuch Ethik in der Klinik 7, Würzburg 2014, p.27–41.

62. Margalit A.: Politik der Würde (A Decent Society, 1996). Frankfurt 1999.

63. Mitscherlich A., Mielke F.: Medizin ohne Menschlichkeit. Frankfurt 1960.

64. Murray CJL et al.: Healtcare Access and Quality based on mortaity from causes amenable to personal health care in 195 countries and territories, 1990–2015: a novel analysis from the Global Burden of Disease Study 2015. The Lancet 2017, 390, 231–265.

65. Nida-Rümelin J.: Theoretische und angewandte Ethik. In.: Nida-Rümelin J. (Hrsg.): Angewandte Ethik. Stuttgart 1996.

66. Nida-Rümelin J.: Verantwortung. Stuttgart 2011.

67. Nietzsche F.W.: Die fröhliche Wissenschaft (La gaya scienza), 1882.

68. Nietzsche F.W.: Menschliches, Allzumenschliches. Hamburg 2014.

69. Nolte K.: Todkrank. Sterbebegleitung im 19. Jahrhundert. Göttingen 2016.

70. Nordenfelt L.: On the Nature of Health. Dordrecht 1995.

71. Nussbaum M.C.: Der aristotelische Sozialdemokratismus. In M. C. Nussbaum: Gerechtigkeit oder das gute Leben. Frankfurt 2016.

72. Okuyama H. et al.: Statins stimulate atherosclerosis and heart failure: pharmacological mechanisms. Expert Rev Clin Pharmacol 2017; early online; 1ff.

73. Parsons T.: Aktor, Situation und normative Muster. Frankfurt 1994.

74. Pflegewiki 2018; www.pflegewiki.de/wiki/Florence-Nightingale-Gel%C3%BCbde {Zugriff März 2018}.

75. Pfister D.G.: The Just Price of Cancer Drugs and the Growing Cost of Cancer Care. Journal of Clinical Oncology 2013; 31: 3487–3489

76. Pharmafakten;www.pharma-fakten.de/fakten-hintergruende/preisbildung/entwicklungskosten-von-arzneimitteln-verdoppeln-sich/ {Zugriff März 2018}

77. Pitkin F.H.: Wittgenstein and justice. Berkely 1972.

78. Plessner H.: Macht und menschliche Natur. Frankfurt 1981.

79. Popper K.R.: Wie ich Philosophie nicht sehe. In: Popper K.R.: Alle Menschen sind Philosophen. München 2006.

80. Raspe H. 2009; www.aerzteblatt.de/archiv/64746/Priorisierung-Vom-schwedischen-Vorbild-lernen {Zugriff März 2018}.

81. Rawls J.: Eine Theorie der Gerechtigkeit. Frankfurt 1975.

82. Rawls J.: Das KI-Verfahren in vier Schritten. In: Rawls J.: Geschichte der Moralphilosophie, Frankfurt 2002, p. 230ff.

83. Rousseau J.-J.: Abhandlung über den Ursprung und die Grundlagen der Ungleichheit unter den Menschen. Frankfurt 1988.

84. Schicktanz S. et al.: Attitudes towards brain death and conceptions of the body in relation to willingness or reluctance to donate: results of a student survey before and after the German transplantation scandals and legal chances. J Publ Health 2017; 25; 249ff.

85. Scheler M.: Mitleid und Mitfreude. Aus: Gesammelte Werke, Bern & München 1973.

86. Schmidt M.: Der gute Arzt. Med Welt 2016; 67; 89–93

87. Schmidt M, Bohrer T., Königshausen J.: Extrem teure Medikamente. Med Welt 2017; 67; 6–9

88. Schockenhoff E.: Zur Lüge verdammt? Freiburg 2000.

89. Schopenhauer A.: Die Welt als Wille und Vorstellung. Frankfurt 1986.

90. Schopenhauer A.: Über die Grundlage der Moral. Zürich 1988.

91. Schubert C.: Der hippokratische Eid, Darmstadt 2005.

92. Schultze S. et al.: Non-Heart-Beating Donors: Herztote Organspender. www.aerzteblatt.de/archiv/59810/Non-Heart-Beating-Donors-Herztote-Organspender {Zugriff März 2018}.

93. Selg P.: Verlust und Wiedergewinnung der menschlichen Individualität in Medizin und Kultur des 19. und 20. Jahrhunderts. In: Weinzierl J., Heusser P. (Hrsg.): Die menschliche Individualität. Würzburg 2015.

94. Sen A.: Die Idee der Gerechtigkeit. München 2010.

95. Seneca L.A.: De clementia. In: K. Büchner (Hrsg.): Über die Güte. Ditzingen 1992.

96. Siep L.: Wahrheit und Wahrhaftigkeit in der Philosophie. Zentrbl Chir 2000; 125; 926ff.

97. Spaemann R.: Wer hat wofür Verantwortung? In: R. Spaemann: Grenzen. Stuttgart 2001.

98. Stellungnahme des nationalen Ethikrates: Patientenwohl als ethischer Maßstab für das Krankenhaus. Drucksache 18/8843, 18. Wahlperiode des Deutschen Bundestages, 7.6.2016.

99. Terzikhan N. et al.: Prevalence and incidence of COPD in smokers and non-smokers: the Rotterdam Study. Eur J Epidemiol 2016; 31; 875ff.

100. The President‘s Council on Bioethics: Controversies in the determination of death. Washington DC 2008.

101. Thomas von Aquin: Summa theologica 1, 21, 2 (a); 2,30,1–4 (b).

102. Tille A.: Volksdienst. Berlin-Leipzig 1893. Zitiert nach [13].

103. Transplantationsgesetz 1997; Gesetz über die Spende, Entnahme und Übertragung von Organen und Gewe-

ben; www.gesetze-im-internet.de/tpg/index.html {Zugriff Februar 2018}.

104. van Harten W.H. et al.: Actual Costs of Cancer Drugs in 15 European Countries. The Lancet Oncology 2016; 17, 18–20.

105. Venkatapuram S.: Health, Vital Goals, and Central Human Capabilities. Bioethics 2013; 5; 271ff.

106. Verywell 20128; www.verywell.com/what-percentage-of-smokers-get-lung-cancer-2248868 {Zugriff März 2018}.

107. Vollmer G.: Auf der Suche nach der Ordnung. Stuttgart 1995.

108. Zitiert nach von Troschke J.: Die Kunst ein guter Arzt zu werden. Bern 2001.

109. Von Uexküll T., Wesiack W.: Theorie der Humanmedizin, München 1988.

110. Wagner J., www.sapereaudepls/2017/10/15/vertrauen/ {Zugriff März 2018}.

111. Weber M.: Wirtschaft und Gesellschaft, München 1921 (posthum).

112. WHO2018;www.admin.ch/opc/de/classified-compilation/19460131/ 201 405 080 000/ 0.810.1.pdf {Zugriff März 2018}.

113. Whyte D.: Vulnerability. https://onbeing.org/blog/vulnerability/ {Zugriff Juni 2018}

114. Wiedeck C.: Priorisierung in der gesetzlichen Krankenversicherung. München, 2015.

115. Williams B.: Wahrheit und Wahrhaftigkeit (Truth and Truthfulness, 2002). Frankfurt 2003.

116. Wils J.-P.: Zeit für einen neuen Eid. Dtsch. Ärztebl. 2017; 114; A–358.

117. Wittgenstein L.: Über Gewissheit (On Certainty, 1969). Frankfurt 1970.

118. WMA 2017; www.wma.net/policies-post/wma-declaration-of-geneva/ {Zugriff März 2018}.

119. Zentrum für Qualität in der Pflege 2017; www.pflege-gewalt.de {Zugriff März 2018}.